U0366039

乐和课堂
灵动教学

束 涌　向仕宏 ◎ 编著

上海交通大学出版社
SHANGHAI JIAO TONG UNIVERSITY PRESS

内容提要

　　本书选取上海市吴泾中学(简称"吴泾中学")学校日常教学中的一些思考、故事、方法及探索,以及学校教学改进研究过程中的部分案例,旨在通过这些细微的改变和悄然的探索,助燃教学的热情,提升教学的质量。本书涵盖吴泾中学在教学改进过程中的教学模式探索、教育技术应用、教学评价策略等方面的内容,适合中小学校老师在日常教学工作中参考和使用。

图书在版编目(CIP)数据

　　乐和课堂　灵动教学/束涌,向仕宏编著.—上海:
上海交通大学出版社,2024.10
　　ISBN 978-7-313-29099-1

　　Ⅰ.①乐… Ⅱ.①束…②向… Ⅲ.①课堂教学-教学研究　Ⅳ.①G424.21

　　中国国家版本馆 CIP 数据核字(2023)第 132545 号

乐和课堂　灵动教学
LEHE KETANG　LINGDONG JIAOXUE

编　　著:束　涌　向仕宏
出版发行:上海交通大学出版社　　　　　　地　　址:上海市番禺路 951 号
邮政编码:200030　　　　　　　　　　　　电　　话:021-64071208
印　　制:上海新华印刷有限公司　　　　　经　　销:全国新华书店
开　　本:710mm×1000mm　1/16　　　　　印　　张:12.25
字　　数:198 千字
版　　次:2024 年 10 月第 1 版　　　　　　印　　次:2024 年 10 月第 1 次印刷
书　　号:ISBN 978-7-313-29099-1
定　　价:68.00 元

编　　委

编　著：束　涌　向仕宏

编委会：孙　颖　许慧莹　张晓玲　张　炜　彭　艳　刘心怡

　　　　　代吉刚　马青青　诸　颖　乌云斯琴　许宇虹

　　　　　周礼雄　李　祥　张　思　高　莺　万　芬　陶　源

插　画：谢雨聆　郭　梓　刘若楠　郑宇筝

序

王厥轩

十多年前,经时任闵行区委领导的推荐,我在闵行做了五年校长发展中心专家组组长。整天与那个时期的中小学校长"摸爬滚打"在一起,我和他们产生了很深的感情。直至今日,只要和人谈起闵行,我的内心就怀有敬意和温暖。上海市吴泾中学(以下简称"吴泾中学")的束涌校长要我写个序,我爽快地答应了。

束涌的这本小册子取名为《乐和课堂 灵动教学》。小册子围绕课堂教学改革的那些事儿,又与学校师生的学习、工作、生活紧密地关联起来,采用散点式随笔,谈自己见解,娓娓道来。这本小册子真实地记录了束涌和他的团队,在2021年前后的几年中,极为艰巨的变革,一切为了改变学生的生存状态,让他们能留在学校,并能有所进步,感到快乐。在小册子的最后部分,束涌抒情地写道:"(读这本册子)让你觉得翻阅起来可以有所共鸣,或能会心一笑,或能助你在某些时刻产生新的思考,这便是我的追求。"束涌这样说,体现了他的境界和胸襟。

这本小册子,共六章,内容很多,写得也很生动。在夹叙夹议中,常有精彩的判断和警句,准确而富有启示,且语气平和、中肯,很耐读。在此,我想谈四点感受。

(一) 围绕"乐和课堂教学改革",学校做了卓有成效的探索与研究

吴泾中学的生源结构复杂,表现在:其一,多为民工子弟,最多时,达到80%。其二,流失严重,从六年级至九年级,往往流失一大半,而且多为随迁子女中的资优学生,留下来的多是潜力尚未开发的孩子。其三,学生成绩参差不

齐,差异太大。

面对这种状况怎么办?唯有前进,不能后退。束涌自 2018 年 6 月来到学校,先做了一年多调研,然后与教师们一道,推进了"乐和文化"的理念,即:"乐业""和谐""求是""创新";又提出"共建的快乐教学",促进学生"乐学""乐思""乐问""乐研",以建立学生"内生增长"机制。学校的育人目标是:培养阳光、尚德、有梦想的乐和人。

在之后的三四年中,学校围绕"乐和课堂",开展了一系列的项目设计,比如,"乐和课堂"的"三三四原则";"乐和课堂"中的"四六讲练";提出了"起—承—转—合—生"教学模式;还有教学五环节的"共建—共生—共享—共赢",等等。2019 至 2022 年三年时间里,束涌与教师一起,思考用新技术赋能,借助"云平台",优化"云辅导",通过各种"数据",提升辅导效率。正是通过"云平台",学生从"看得见"到"想得到"。此外,学校在辅导上,又给学生搭了许多"脚手架",以提高学生的思维台阶。

束涌的不容易,就是他和全体教师一起,把学校的各种资源研究透,把以上提到的许多项目、案例、课题、图示,把线上线下、校园内外、教师学生……把所有的资源都整合起来、融通起来。由于束涌长期身处一线,对教学中的许多问题认识清楚,所提问题很接地气,因此,解决问题就有了针对性。

(二)组建教师共同体,发挥团队智慧,带出了一支特别能战斗的队伍

在束涌看来,校长影响教师最有效的办法,就是带领他们一起进步。

束涌亲自抓学校教学工作。他深入课堂,和教师一起备课、磨课、听课、评课、辅导、研究学生作业。在这本小册子中,你可以发现束涌对教师的学习、工作、生活非常熟悉,这方面的例子不胜枚举,很多细节,笔下带情。

束涌一直在研究,如何发挥教师的团队作用。几年的实践证明,教师做到了这一点,他们将个人思考与集体智慧融合起来;将单课时教学与大单元教学整合起来;将单一教学资源与多样化教学设计融通起来;将个人研究与集体课题贯穿起来;将教学评价与学生发展结合起来。

束涌根据年龄特点,把教师队伍分为:青年先锋队、攻坚突击队、专家堡垒队、学科指导队、主力骨干队。为每一个处于不同专业发展的教师,提供相应的专业发展之路。从这本小册子中你可以看到,吴泾中学的每一位教师都很敬业,他们懂得:教育的本质是唤醒,是一棵树摇动另一棵树,是开发教师和学生

的内心。

在束涌的带领下,学校教师的境界和修养得到提升。原先,教师做课题多是为了"评职称",这种职称式的课题,使课题研究产生扭曲。当束涌和教师一起研究"乐和课堂"的那些事儿,教师的想法变了。他们树立了"问题就是课题""反思就是研究",依据"小步子、低台阶、稳节奏、求实效",教师对研究产生兴趣,并保持旺盛的思想力,通过小课题研究,教师学会了将科研与教学有机地整合起来。

经过三四年的探索与研究,束涌自己的思想也提高了。他认为,教学是有规律的,但教学又是自由的。在规律与自由之间,教师可以获得自身的发展。校长要鼓励教师去发现、去研究、去探索、去寻找。因此,学校一定要有一定的开放度。

教师队伍强大了,学校的教育质量一定会上去。到了今天,吴泾中学的中考质量稳步提升。学校的每一位教师,不抛弃每一个孩子,通过深入探索教学模式,带给每一个孩子多元交互、快乐和谐的教学感受,孩子们也爱上了自己的学校。

(三) 研究让学生从被动学习到主动学习,这是很高明的一着棋

束涌带领教师研究了爱德加·戴尔于1946年提出的"学习金字塔",明白了:在课堂上一味地听讲、阅读、视听、演示,学习效果在30%以下,往往脱离不了被动学习;倘若在课堂上增加讨论、实践,自己学了还能传授给他人,则学习效果在50%左右,这才是团队式学习或主动学习。

学校还研究费曼学习法。费曼学习法可简化为四个单词:概念、传授、回顾、简化。经过几年的探索和研究,教师们懂得了:真正的主动学习,就是激励学生,发现问题,探索未知领域,激发孩子的学习热情和自主学习能力。

束涌和他的团队,学习了苏联维果斯基的"最近发展区"理论,思考怎样根据学生特点开发他们的智力。他们根据初三年级学生的学习水平,进行了科学合理的分层学习、分层辅导,取得了不错的成效。

在线上教学期间,怎样帮助学生进行个性化的学习?束涌和他的教师团队,又进行了从微视频1.0模式,进化到微视频4.0模式的研究。在这本小册子中,束涌把它的性质、功能、在线上教学期间所起的作用,以及可能碰到的困难,讲得一清二楚,了了分明。它表明,束涌和他的教师团队是下了很大功

夫的。

综上所述,让学生从被动学习变为主动学习,必须要有激励机制,让教学变得有角度、有广度、有深度、有梯度、有温度。

(四) 带着爱与正能量的评价,是全校师生最重要的情感与精神因素

束涌和他的团队,在评价上做足功课,在许多方面很有创新。

为了积极鼓励学生对自己的正确评价,让他们尽可能在"最近发展区"成长,学校提出了"七彩争章"的量化考评机制,即:以彩虹七章为主基调,一种颜色代表一种目标。这本小册子中有一段落描述了为了让学生能回答问题,教师想尽办法在"喂"学生,并不断激励学困生。这是令人动容的。"七彩争章"的提出,不仅借用七彩的奇思妙想,设计了更多元、更有趣的师生活动,也借用七彩奖章,传递给孩子热爱生活、努力学习、善待他人、直面人生的积极意义。

在激励学生上,学校提出了"用放大镜来看孩子的亮点",还提出,"最好的教育是自我教育,最强大的动力来源于学生自己的内心深处"。当补短已成为我们职业习惯的时候,吴泾中学的教师很警醒,提出必须要有发现学生长处的眼光和本领。在这一点上,束涌和他的教师们的理念很超前。

这本小册子,用了大量的表格、图示、模型图,既简洁明了,又能把彼此间的关系讲清楚。这些表格等,完全是从吴泾中学的土壤中产生的。对师生而言,很有吸引力。从中,也看到了束涌的亲力亲为、尽心尽责。

"乐和课堂教学评价表"讲了对教师的评价。它引导教师关注基本的教学理念、师生关系、角色定位、技术赋能、教研主题,等等。在评的过程中,促进教师自我反思与优化改进。

读罢书稿,掩卷长思。一位富有大爱之心,敢于直视困难,富有智慧和经验的校长形象,在我脑际生动起来。他的最大才华在于能够始终清醒自知,高瞻远瞩,最主要的能力是校长不仅自己拥有一个确切的目标,还能让全校教职员工知晓和认同这一目标,并且带领大家一同出发,一同前进,直至达到大家共同的目的地。

前言

从两千多年前孔子提出的因材施教"启发式"教学,到后来工业时代的教育模式,再到如今不断改进的个性化教学变革,吴泾中学正朝着"因材施教"不断前进。

新课程倡导"自主、合作、探究"的学习方式,强调过程与方法目标,这在学科教育史上是里程碑式的进步。它促使我们一步步从关注教师的"教"转向学生的"学",更加注重以学生为中心、以人为本的教育理念的形成。

虽然我们仍然在进行着大量不懈的努力,然而课堂教学现状还是趋于同质化。学校要关注学生的不同特点和个性差异,发挥每一个学生的优势潜能,以促进每个学生积极主动、生动活泼地发展;更要尊重教育规律和学生身心发展规律,为每个学生提供适合的教育。

吴泾中学生源结构复杂,且流失严重,流失生源多为资优学生。学生基础参差不齐,学习差异明显,多年的问题"滚雪球"般地堆积起来,给学校的发展和教学质量的提高带来了严峻考验;教师的教学热情始终难以激发,缺乏持续的课堂教学研究动力,很难"守得云开见月明"。教师的教育思想和教学理念容易停留在"师教生受"的模式,课上一言堂、一刀切等,以讲授和灌输为主的教学形式依然常见。缺乏先进的教学理念引领就难以保障教学质量,靠师生用大量的时间"堆砌、刷题"也难以实现从量变到质变的发展,长此以往师生就容易陷入教学疲劳、压力过大、情绪懈怠等境况,这是非常值得关注的。只有积极的、向上的、热情的、充满正能量的环境,才能激发一个人内心对知识的渴望和对工作的热忱,所以"乐和课堂"教学改进具有重要意义。

基于以上种种现状,我们以课堂教学改进为抓手,以教师梯队培养为路径,

着力营造乐和教学氛围,促进课堂教学中师生的交互,以学生为主体,以"内生增长"为目标,激励学生在建构知识意义的过程中不断自内向外地发展能力和素养。

本书并不是理论的堆砌,而是通过一些小思考、小故事、小方法、小探索,给读者分享一些我们在课堂教学改进研究中的点滴经验。希望您在信手翻阅此书时,能有些许共鸣,或许还能会心一笑。这便是我们由衷的期望。

目录

目
录

鱼就是鱼

郭 梓 绘

鱼想知道外面的世界,便拜托小蝌蚪。

小蝌蚪长成了青蛙,鱼再次请它去外面看看。

青蛙去外面观察后,很快便回来找鱼。

它告诉鱼:外面有长着美丽翅膀、会飞的鸟。

外面有长着四条腿和犄角、爱吃青草的奶牛。

外面有穿着各色服装、直立行走的人。

青蛙告诉鱼它看见了什么……

而鱼从来没见过、没听过,压根也不会让那些对它而言无比新奇的事物在它的脑海中变成无比绚丽奇幻的存在……

启示：人们在学习的时候，总会带着自己的背景知识，去学习和整合新的知识。不同的人在学习的时候，会带有不同的背景知识。鱼脱离不开鱼的想象，而人脱离不开人的想象。学习即知识的个体建构，简单的知识讲授对学生来说作用不大。在教学过程中，遇到抽象的事物、知识，教师可能会口干舌燥地讲了一大堆，而学生依然"似懂非懂"。

《鱼就是鱼》告诉我们：想象和创造是以认知为基础的。

破茧成蝶

郑宇筝　绘

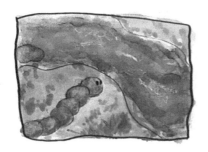

小青虫要越过一条小溪流，它想去对岸！

可是如果它蹚水过去，肯定会没命的！

它想乘着水面漂荡的树叶过去！

如果它乘着树叶，会不会掉进水里？

它静静地等啊等，自然给了它答案。

它变成了一个坚固的茧，静待生命之花。

它终于破茧成蝶，挥舞着美丽的翅膀。　　　　它轻盈地飞过了小溪，实现了自己的目标。

　　启示：生命有其自然发展的规律，教师不应该拔苗助长，而应该学会唤醒和激发，尊重学生的认知发展规律和身心成长规律，做孩子的引路人和陪伴者。孩子需要经历"直面问题—应对挑战—承受挫折—破茧成蝶—自我成长"的过程，我们不应该强制干涉和压抑，而应该帮助其自立、自强、自爱、自信地发展。

第一章

乐和课堂那些事儿

君子曰:学不可以已。

哲学家海德格尔说:"教所要求的是'让学'。"

引导和激发学生进行自我体悟、自我探究、自我判断、自我建构、自我修正、自我完善,使其思想方法、价值观念、知识体系、能力素养在不断地自我汲取与内化过程中,成为内生的养分,促进内生增长。当学生通过各种磨炼、体悟、探究、建构、内生以后所发生的成长,才是其真正的生命形态,因为学生有了自己良好的价值观、人生观、世界观,学习对其而言不再是负担,而是成长必需的养分,学生便会更加乐于其中、徜徉其中。

如今,强调素质教育和以人为本的"新课改"正在祖国大地的每节课堂上蓬勃展开,它促使每位教育工作者不断改进自己的教育理念和教学实践。

传统课堂需要改革,这已是一种共识,但怎么改无疑成为教师工作者们共同的困惑。从哪里入手? 有什么方法? 有哪些抓手? 这些都是课堂教学改革的重点研究内容和核心研究方向。

新课程、新课标、新教材等给我们带来了全新的教学理念,传统教学方式已不能适应现代教学改革的需要,因而如何把新的教学理念落实到课堂教学中,是当前迫切需要解决的问题。

有专家指出,社会学的核心并不是关于社会的知识,而是得到知识的手段和方法。而我们的教育在传统思维模式的影响下,最终培养的人,虽具有扎实的知识基础,却很难有突破性的创新和发明。

《让学习真正在课堂上发生》一书中描述道：对于学生来讲，在课堂上的收获主要有以下五个知识来源，如果学生在每一个来源都有所收获，那就说明他们的全过程思维已被充分激活。

我们将五个知识来源与遗忘程度、使用情况进行对比（如图1-1所示），以期更清晰地呈现不同形式下学生对知识获取与转化利用的差异，帮助教师更好地理解"输入与输出"相辅相成的密切联系。

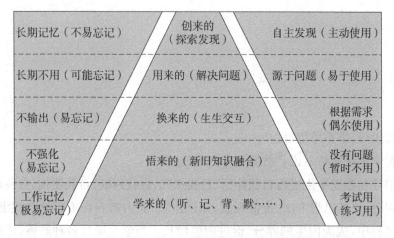

长期记忆（不易忘记）	创来的（探索发现）	自主发现（主动使用）
长期不用（可能忘记）	用来的（解决问题）	源于问题（易于使用）
不输出（易忘记）	换来的（生生交互）	根据需求（偶尔使用）
不强化（易忘记）	悟来的（新旧知识融合）	没有问题（暂时不用）
工作记忆（极易忘记）	学来的（听、记、背、默……）	考试用（练习用）

图1-1 学习方式与知识记忆的关系

当学生通过"听、记、背、默"等形式输入却很少有"为解决问题"而进行输出的情形时，他们花费了大量的精力和时间，仅仅是为了应付考试而形成的短暂且极易忘记的"工作记忆"，常常今天背完明天就忘。

学生通过新旧知识的迁移和融合产生知识关联，则更容易记住知识。但是这种记忆如果不进行阶段性强化和新旧知识的对比、分析、梳理，就容易产生混淆和模糊，同时由于新旧知识的理解容易面临"不用则废"的情况，所以需要不断地进行强化。

不难发现，通过"解决问题、探索发现"形成的知识，可以形成强烈的大脑刺激，它源于积累与沉淀、理解与再造，使知识从短时工作记忆转为长期记忆，就好比将信息从计算机的内存转移到硬盘存储一样。这样的知识理解和过程方法不易被遗忘，在遇到问题时学生会主动调用，从而促使学生真正发现生活中的实际问题，并学会真正地解决问题。

在整个教学过程中，如果学生没有经历"悟、换、用、创"的过程，将这些知识进行迁移与再造、智慧碰撞与输出，其内驱动力就难以被激发，学习自信也难以被培养，于是在机械记忆与被动理解的过程中，一次次压抑了自己学习的热情与探索的欲望。特别是对于处在青春期的中学生来说，他们对未知世界充满好奇与探索的天性得不到释放，即使能把知识倒背如流，也不过是为了完成任务而已，这算不得是有意义、有价值的学习。

如何更好地发挥基础知识的传统教学优势，同时弥补教学中学生动手操作和创新能力的不足？这是值得我们不断深入研究和改进的话题。我们借此以课题研究为引领，持续开展"乐和课堂教学改进"实践研究。

在全体教师的不懈努力下，经历多年的摸索、研究、实践、反思、提升、总结，我们创建了独具特色且行之有效的"预学＋导学"教学雏形，提出了"三三四课堂教学原则"和"起—承—转—合—生"教学模式。教学中注重激活学生"本能脑"，激发学生"情绪脑"，强化学生"理智脑"，使教学在快乐和谐的氛围中进行，同时敏锐地发现学习困难生的点滴进步并给予适时鼓励，让他们尝到成功的喜悦，逐步克服对学习的畏惧情绪，增强学习的动力，变"要我学"为"我要学"。

以终为始的"乐和课堂"教学改进研究

从两千多年前孔子提出的因材施教"启发式"教学,到如今倡导的"自主、合作、探究"的学习方式,促使我们从关注教师的"教"转向学生的"学",更加注重以学生为中心、以人为本的教育理念的形成。

传统教学方式难以适应现代教学改革的需要,如何把新理念、"新课标"等落实到课堂教学中,是当前迫切需要解决的问题。

吴泾中学地处城乡接合部,学生基础差异大,生源结构难以把控,两极分化比较明显,学生的学习习惯不够规范、学习热情不够高昂、学习动力普遍偏弱,亲子教育缺乏方法,青春期叛逆问题较多,等等。这些从整体上给班风学风的营造带来了困难,也阻碍了教学质量的稳步提升。

在持续低迷的教学质量的消极影响下,常态课堂容易出现"拔苗不分秧(急功近利)、漫灌不通渠(全面同质)、摊饼不控火(情感失控)、防沙不种树(视而不见)"等问题,以致形成"我说了算(一言堂)、做给我看(一刀切)、就这样念(照本宣科)、这都怪你(怨怼学生)"等现象(如图1-1-1所示),长此以往便导致了课堂教学趣味少、课堂互动少、技术应用不足、学生参与不积极、成果输出少、教学效果低下、内生增长慢等问题。

语文、英语、历史等学科的教学内容多为背诵类知识,数学、物理、化学、信息等学科的教学内容多为技能训练项目,学习节奏快,课程知识量大,无疑给教师的"教"与学生的"学"都带来了一定的压力。学生需要反复实践与练习,但不同层次学生的学习时效不同,教学进度会受到影响;练习和指导次数不足,教学效果会大打折扣。此外,由于面授时间少、课外互动少,缺乏个性化指导,遇到的问题难以及时解决,难以培养学生的高阶思维和创新意识,这进一步束缚了学生的创新个性发展,制约了综合能力培养。

紧张的课程节奏难以保证在每节课上呈现丰富的资源、多样化的情境、翔

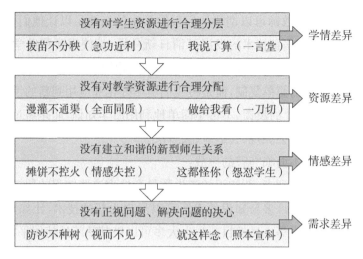

图 1-1-1　消极影响下的教学质量问题

实的问题解决过程等,师生交互机会有限,教师不能一一回答学生提出的所有问题,这对于部分学生而言是不公平的,更是缺乏个性化针对性教育的,学生仍然处于比较被动的学习地位,难以利用在校时间保质保量完成学习任务,也难以认识学科与生活的密切联系,更难以利用所学知识与方法去解决生活中的实际问题。

这样的课堂很难有效提升教学质量,学生的学习动机和潜能也得不到激发,无法通过班级教学活动激励自己在知识技能、情感态度等方面的内生增长。师生难以形成对"快乐和谐"的共同认识和追求,难以形成平等、开放、和谐的新型交互关系。学生经常学得辛苦,教师更是教得"心苦"。如此,学生很难"乐"起来,师生很难"和"起来,教学效果面临严峻的挑战。

课堂"乐"不起来,师生"和"不起来,何谈"乐和课堂"?

如何优化课堂教学模式,利用不同的技术手段激励师生教学与学习的热情?如何通过丰富的教学资源和有效的方法指导,激发学生的内在学习动机?如何针对不同学生"对症下药",正确引导和培养他们良好的学习习惯?如何找到适合学生的学习方法,实现因材施教和个性化学习?有效解决这些问题,提升教学质量,培养学生的高阶思维,是一项严峻的挑战。

随着时代的发展,对学习者的要求和由此对教育体系的要求正在快速演变。在过去,教育指教给人们某些东西。而现在,教育的内涵更加丰富,旨在培养个体具备可靠的能力和探究技能,以帮助他们找到自我发展之路。

一个世纪以前,教师可以期待他们教给学生的东西足以让他们受用终身。但今天,社会变化和信息技术的发展可谓日新月异,学校需要帮助学生做好准备,迎接未来的工作,使用先进的技术,解决即将面临的社会问题。教育的成功不再是对知识内容的简单复制,而是将我们所学外化和应用到新的情境中。简而言之,我们对于世界的反馈,不再是简单地利用所学知识,而是通过学习知识习得的能力,去行动、去表现、去适应、去解决。

这让我们不得不面临"新"的挑战:

随着信息时代的到来,新知识的产生数量和处理这些知识的便捷程度都产生了实质性的变化。许多新知识的表征可以呈现为新的技术,比如大数据、人工智能和可视化技术等。虽然目前学生大多可以极其熟练地使用平板、手机和其他信息化工具,但是他们对于很多学科知识的理解却参差不齐,甚至可以说是天差地别的。

此外,现在我们处于一个信息大爆炸的时代,面对未知的事物和未来的项目,面对层出不穷的技术和工具,我们当如何选择?很多人知道如何在互联网上搜索信息,然而,他们不一定具备批判性审视和处理综合信息所必需的缜密推理技能,特别是当他们需要加工的信息数量大到令人生畏的地步时,这对于他们的基本学科素养、媒介素养和道德品质来说,都是一个挑战。

因此,培养新时代合格的青少年和优秀的社会主义接班人至关重要。

长期以来,我们秉承"乐业、和谐、求是、创新"的"乐和文化",努力营造"乐教、乐研、爱校、爱生"的教风,"乐学、乐思、好问、好研"的学风,追求"培养阳光、尚德、有梦想的乐和人"的育人目标。

我们始终坚持不懈地推进"乐和课堂"教学改进研究。在全体教师的努力下,经历多年"摸索—研究—实践—探求—反思—提升—总结"的过程,我们提炼了多种适宜的课堂教学经验,诸如:预学＋导学、共生备课、共生微课、共生听课、共生课题等,助推教师的"教"和学生的"学"。

同时,我们以"基于学生内生增长的乐和课堂教学改进实践研究"课题为引领,以研促教,以教助研。教师要在教学中注重调动学生情绪,激发学生内驱力,使师生在快乐、和谐的课堂氛围中共同品尝成功的喜悦,引导学生逐步攻克学习难题,增强学习动力,变"要我学"为"我要学"。

以终为始,以行为知,守正笃实,久久为功。我们的教学改进始终坚持"为谁培养人,培养什么人,怎样培养人"的目标导向,引导学生从被动接受到主动建构,引导教师从传递知识到立德树人,引领课堂从知识灌输到交互输出,从而推进课堂教学向着求真务实、五育并举、全面发展的目标不断前行。

立足学生"内生增长"的"乐和课堂"建设

蔡元培先生在《中国人的修养》第五章第五节中提及:"教员者,启学生之知识者也……于其所任之教科,必详博综贯,肆应不穷,而后能胜其任也。……教员者,学生之模范也。故教员宜实行道德,以其身为学生之律度……则学生日熏其德,其收效胜于口舌倍蓰矣。"

我们对教师教育理念与学生学习状态的基础情况进行调研,分别在课前准备、课堂效果、作业练习、师生交互等方面进行了分析与研究。在此基础上,我们基于学校"乐和"文化的土壤,提出"学生内生增长"的发展目标,以期通过"乐和课堂"教学改进研究,营造良好的教学氛围,提升教学质量。

"内生增长"是以尊重为前提而建立的唤醒机制,旨在让学生通过滋养心灵、培育自律、激发内驱、获得进步与可持续发展力的成长过程。它以主体的自有资源为依托,目标是实现自我发展与内涵提升。"内生增长"的核心思想是认为行为主体能够不依赖外力推动,实现持续增长。这是保证具备自主行为力的个体获得持续增长的重要源泉。

本书所述的"内生增长"指的是发生在学生学习过程中的,能够意识到与表现出的主观能动现象。具体而言,"内生增长"是以学生内在的知识、技能、情感态度为基础,以学生个性发展为动力,以提高学生的整体认知水平和综合实践能力为目标,引导学生把握自己的情绪、意向、动机,对自己的学习进行规划,由内而外地促进其整体发展的成长状态。

"乐和课堂"是指为化解、调适和克服当下学校育人实践中存在的诸多问题,促进"共建的快乐教学"而开拓、创设的学习生活场所与环境。以立德树人为根本任务,通过多元载体、多样平台、多层设计促进学生"乐学、乐思、乐问、乐研"、师生关系和谐、课堂共建共生的教学状态。在形式上,师生共同体验,活动切实有效;在内容上,丰富多样,贴近生活,具有现实意义;在价值观上,师生关系和谐,氛围浓厚,教学相长,共同追求成功和快乐。

如图1-2-1所示,在整个项目研究过程中,我们将不断构建以协作学习支持的组织之和、以共建学习支持的交互之和、以深度学习支持的融通之和、以快乐学习支持的内生之和,最后形成快乐协作、深化体验、追求突破的乐和课堂教学范式。

此外,"乐和课堂"教学的研究和发展,构筑的是师生共建共生、共享共赢的教学活动生态,教师、学生、学校在这个研究发展过程中都能取得不同的收获,如教师专业发展、学生学习力提升、师生教学相长、课堂教学模式完善、学校教学质量提升等。

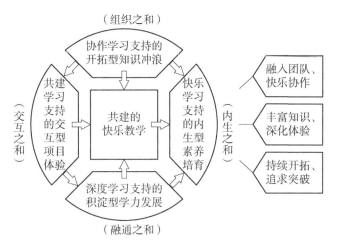

图1-2-1 共建的快乐教学模式图

"乐和课堂"的"三三四原则"概述

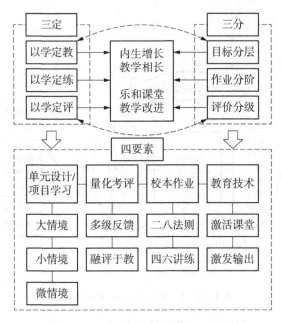

图 1-3-1 "乐和课堂"的"三三四原则"

三定——以学定教、以学定练、以学定评。

三分——目标分层、作业分阶、评价分级。

四要素——单元设计/项目学习、量化考评、校本作业、教育技术。

"三定"是教师开展教学活动需要认同的基本意识和教育理念,"三分"是教学过程中基于学情而进行的因材施教策略,"四要素"是课堂教学中可以应用的操作路径。四要素的融合,可以激活课堂、激发输出、提升教学质量。

"三定"是立德树人的基本原则,要做到因材施教,首先要摆正教师立场,时刻做到"以学生发展为中心"。课堂教学改进的指导思想是:重视以人为本,以学生个性发展、内生增长为目标进行角色定位,关注学生"学"的状态、质量、效果。

"三分"是课堂教学改进的主要路径,通过目标分层、作业分阶、评价分级,为学生搭台、减负、凝心、聚力,从而帮助学生树立自信、实现自驱、完成增效。

"四要素"是课堂教学改进的实践要素,强调课堂教学要有进行"单元设计"或"项目学习"的整体意识,注重"量化考评"的过程评价性,"校本作业"的资源个性化,"教育技术"的课堂时代性。采用大单元备课,以提升教学设计;将教材内容进行教学化处理,以实现教学内容有趣、有用、有意义;探索不同学科的学习方式以与"新课标"进行匹配;实施教学评一体化的教学,让核心素养得以"落地"。在传输学生知识的同时给予学生信心,在提升学生认知水平的同时,培育其精神系统、自我系统和价值观系统,要用春风化雨、润物无声、潜移默化的方式,实现教育的目标。

"二八法则"也被称为80/20法则、八二法则,指在任何情况下,事物的主要结果只取决于一小部分因素。这一法则经常被应用到不同的领域,大量试验证明其在大部分情况下都是正确的。

此处对"二八法则"在作业设计上的思考进行如下的解释:

作业中20％是"培优荣誉练",80％是"基础达标练",符合"二八法则",即不要盲目抬高学生的学习起点,要尊重学生的最近发展区,要符合命题考评标准,符合学生的认知发展需求。让20％相对薄弱的学生能够吃透80％的基础知识,让80％的学生能够攻破20％的重难点任务,这要求教师在设计作业与练习时要站在学生的角度,以人为本,基于学情科学设计,进行合理实施与评价。

"四六讲练"提示我们在教学设计和活动组织过程中,争取用40％的课堂时间精讲点拨,少讲多练,精细表达,精准指导;用60％的课堂时间进行练习活动,包括合作交互、自主练习、探究活动、交流表达、演绎归纳等,促进师生互动、生生互动的有效性,这与前文所述"换来的、用来的、创来的"知识激活策略是相吻合的。

通过"三三四原则",我们既强调教师教学的理念形成,也注重课堂教学的操作路径及主要抓手,让教师能够有的放矢,结合所在市、区的研究方向和当前育人目标开展教学改进研究,从而稳步提升教学质量,实现立德树人的根本目标。

"三三四原则"的内在关系浅析

　　对比以往的学校课堂教学现状以及当前的教学要求,我们仍需要深化课堂教学改革。学校虽然在课程建设和常态教学中积极宣传"因材施教,以学定教",但在实际教学过程中还存在千篇一律、重蹈覆辙、老生常谈的问题,我们听到了时代发展和社会变化的呼声,却仍然跳脱不出陈旧思想的桎梏。

为了"公平"起见,你们每位的考试题目都是一样的——爬上那棵树。

图1-4-1　"公平考试"

　　图1-4-1讲了以下内容:

　　　　乌鸦、猴子、企鹅、大象、金鱼、海豹、狗一起来到森林动物学院学习。老师一本正经地说:"为了'公平'起见,你们每位的考试题目都是一样的——爬上那棵树。"

　　　　由此可以猜想,参赛对象的不同反应:

　　　　金鱼生气地说:"我们鱼类是不能离开水的啊!"

　　　　海豹说:"我们身体体积比较大,也爬不上啊!"

　　　　企鹅说:"我们企鹅腿短,站起来也爬不上呀!"

狗说:"我们狗有的会爬树,可是我爬不到那么高!"

老师说:"有问题的可以退出。"

金鱼、海豹、企鹅、狗异口同声地说道:"我退出。"

现在只有乌鸦、猴子和大象了,考试开始了。随着老师一声令下,猴子一马当先,像一支离弦的箭往树的方向奔去。三只动物到了树的跟前,猴子娴熟地抓住树干往上爬;乌鸦拍了拍翅膀就飞了上去;大象想了想,用强劲有力的鼻子把树拔倒,猴子和乌鸦摔了个狗啃泥,大象站在了树上。

老师说:"猴子考试通过。"

乌鸦和大象问:"为什么? 我们也爬上去了啊?"

老师说:"因为你们没有真正'爬'上去!"

爱因斯坦说:每个人都是天才。

但是如果以爬树的本领来判断一条鱼的能力,那它终其一生都会以为自己是个笨蛋。

图1-4-2 "美人鱼与半人马"

图1-4-2讲的是,一条美人鱼和一头半人马相互认识了,美人鱼想象着半人马的健硕身材,而半人马也想象着美人鱼的靓丽身姿。但是它们想象的情景却与事实完全不符,因为它们的想象完全基于已有的认知,就如同前面《鱼就是鱼》的故事带给我们的启示一样。

教育的本质是唤醒,是开发孩子的内心。教育意味着一棵树摇动另一棵树,一朵云推动另一朵云,一颗心唤醒另一颗心。

正是基于教育心理学、认知科学、脑科学、建构主义理论、最近发展区、多元

智能理论、布鲁姆认知学习理论等教育教学理论,我们才特别强调"三定、三分、四要素"教学实践的重要性。

"三定"以学生发展为本,通过对学生学习状态、学习态度、学习成效等的跟踪研究、精准把脉、精准分析,教师能够更好地开展教学活动,制订课堂练习与课后作业,科学合理地开展形成性评价、终结性评价、多元化评价等,促进"教学评一致性、教学评一体化"的有效落实。

"三分"同样注重以学生发展为本。

"目标分层"的意义在于尊重学生的最近发展区和认知基础,给予学生"跳一跳就能摘得到的果子",满足不同层次学生的学习需求,带给不同学生成功感和自信心,使教育资源和内容在每个学生身上都能得到最大限度的发挥,同时可以提高学生的学习兴趣和参与度,提高教学质量。

"作业分阶"的意义在于充分考虑不同层次学生的实际,实施分层作业,针对性调控作业难度,使作业既有统一要求,又能兼顾不同类型学生的实际,从而让每个学生在练习中取得成功,促进学生健康发展。我们倡导学生主动参与、乐于探究、勤于动手,在教师指导下主动并富有个性地学。多维的作业形式和丰富的作业内容,使作业体现出多样性、自主性、趣味性、实践性、开放性和探究性的特点,让学生在充满智力挑战的愉悦环境中完成学习任务。

"评价分级"的意义在于帮助学生明确努力方向,了解自己对于学习目标的完成程度,唤起学生新的认知需求和成就感,激励学生产生内生动力,帮助他们开启思维之门,提高学习的兴趣,增强进步的信心和决心。

如图1-3-1所示,"三定"与"三分"具有相互呼应、相互对照的重要关系,通过"目标分层"可以更好地落实"以学定教",通过"作业分阶"可以更好地实现"以学定练",通过"评价分级"可以更好地推进"以学定评",进而实现"以教促学、以练促学、以评促学"。

"三定""三分"的有效落实,还需要以课堂教学"四要素"为抓手,当然这里所谓的"四要素"只是日常教学中的部分策略,或者说是我们重点推进的策略。此外还有很多其他的辅助性策略。通过"单元教学设计、项目化学习"等可以助推教师站在大单元视角更好地看待"以学定教"和"目标分层";通过"校本作业、单元作业设计、预学导学单、实验记录表"等可以帮助教师更好地落实"以学定练"与"作业分阶";通过"量化考评、教育技术、数字化平台"等可以有效促进"以学定评"、精准评价,引导学生更好地看待自我、看待成功、看待发展、看待未来。

天命之谓性,率性之谓道,修道之谓教。上天所给予人的气质叫作性,依照本性去做事叫作道,修道的方法就是教化。

每个人从生下来,便有自己的本性,如何在有限的生命时间里,让自己的本性发挥出最大的生命潜能,这才是教育最终要达成的目的。深刻理解这句话,将对我们的家庭教育、学校教育十分有益。

如何基于"三定、三分、四要素"的理念、策略、抓手,结合自身对教材、课标、学生、课堂的理解,有效设计教学活动,创设教学情境,利用生成资源,合理引导学生,客观公正评价,积极及时反馈,高效学练结合,搭建学习台阶,促进学生的全面发展,是值得我们深入研究的重要课题。

"起—承—转—合—生"教学模式浅析

基于学校生源结构复杂、生源流失严重、学生差异明显等问题,我们从激发师生教学与学习热情的"小目标·小和谐·小快乐·小确幸"入手,以团队机制为支撑与驱动,促进每个学生充分自由地畅想、积极主动地规划、循序渐进地行动、生动活泼地发展。

为此,我们提出鼓励师生的"小目标·小和谐·小快乐·小确幸",倡导以教师智慧为引领的"新教学·新活动·新发现",引导学生不断迈向自主进取与和谐融通,建构并运用"起—承—转—合—生"教学模式,通过"我看见(起)—我尝试(承)—我发现(转)—我可以(合)—我胜任(生)"的学习促进与内化机制,依托"单元教学/项目学习""量化考评""校本作业""教育技术"等各类教学要素的关键支撑与融合作用策略,通过启发式教学、探究式教学等多种教学方式,全面布局、多元驱动,深度激发学生的学习热情,培养其学习习惯,提炼学习方法,激活内生动力,提升教学质量。

课堂要基于学生已有的学习状态,尊重学生的最近发展区,在教学过程中可以运用"起—承—转—合—生"的基本模式。

"我看见(起)—我尝试(承)—我发现(转)—我可以(合)—我胜任(生)"的具体表现如下。

我看见:落点在我感知,学生要有观察、有问题、有立场,激发学习兴趣。

我尝试:落点在我行动,学生要有思考、有探索、有行动,进入学习状态。

我发现:落点在我经历,学生要有探究、有协作、有经历,促进认知与体悟。

我可以:落点在我进步,学生要有认知、有思维、有方法,学会迁移和应用。

我胜任:落点在我共建,学生要有自评、有自信、有发展,得到内生与增长。

在整个过程中,学生在心理、认知、态度、习惯、思维、方法等方面有不同程度的发展和提升,例如掌握了某种流程、方法、思维,或者形成了某种品格、意识、态度,抑或是提升了学习的信心、耐心、恒心、毅力等。

图1-5-1 "起承转合生"教学模式

各个学科在实际教学过程中,不得生搬硬套,可以进行适当的微调和优化,结合学科特色进行迭代。

起:通过贴合生活实际需求的问题情境(大情境、小情境、微情境),引导学生关注生活实际,关注问题本质,激发学习兴趣,燃起学习信心,唤醒求知欲望,在学习过程中"从解题走向解决问题"。

承:依托情境与问题,承前启后,承上启下,承载学习问题,承接学习动力,承担学习责任。通过初步探索、互助合作、精讲点拨、师生讨论等方法或教学活动,帮助学生搭建思维台阶,引导学生行动起来,进入学习状态,激发学习潜能。

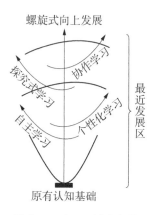

图1-5-2 双螺旋发展的教学效果

转:通过精讲点拨、建立模型、提炼方法等过程,由外部知识获取转为内部知识积淀,由外驱学习转为内驱动力,由知识输入转为智慧输出,由知识积累转为方法形成,由浅层知识转向深层知识,由个体学习转为合作共生,由单一知识转向多维知识等。通过自主学习、个性化学习、探究式学习、协作学习等方式,学生得以突破教学难点,收获学习自信,提升学习成效,最终获得内生增长成功感。学生在整个"转"的过程中,不断内化和融会贯通,形成自己的知识技能和思维方法,从而呈现如图1-5-2所示的螺旋式向上发展形态。

图1-5-3 多元交互的师生
合作共生模式

合：通过知识梳理、分享交流、合作实验、小组表演、作品展示等教学活动，师生教学相长，学生在分享与收获的过程中感受进步，形成思维方法，建构知识意义，优化认知体系，学会迁移应用。这一过程既有学生之间的知识共建、经验共享，也有师生之间的教学相长、共生共赢，最后形成师生快乐和谐、共同发展的良好教学生态。

生：通过"起—承—转—合"的教学环节和活动，学生能够在此过程中提升自己的知识技能，形成自己的思维方法，从而促进教学评一致性，培养学生正确的价值体系、良好的学习习惯、科学的思维方法、优秀的人格品质等，由外至内激发学生的内生增长，再由内至外呈现自己良好的生长状态，不断提升自己的适应力、胜任力和创造力。

"生"既可以是教学环节的最后外显，也可以是整个教学过程的成长内显；既可以是学生对所学知识的输出，也可以是师生在教学与学习过程中的生成资源，还可以是整个教学过程中学生在学习态度、知识技能、思维方法、人格品质、恒心毅力等方面的个性发展。

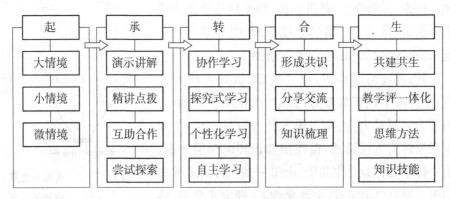

图1-5-4 "起—承—转—合—生"课堂教学流程参考图

依据"起—承—转—合—生"教学模式，在整个教学活动中，师生共同协作、教学相长，根植民族文化精神，坚持科学发展导向，不断探索与提升，本着自强不息的理念，通过"小目标·小和谐·小快乐·小确幸"等目标，促进每个学生充分自由地畅想、积极主动地规划、循序渐进地行动、生动活泼地发展,从而构建"快乐、和谐"的师生关系,形成"教师乐教乐研、学生乐思乐问"的教学氛围。

"起—承—转—合—生"与"三三四原则"的联系

　　"乐和课堂"要求基于学生已有的认知和学习状态，尊重学生的最近发展区，在学习过程中通过"起—承—转—合—生"的基本模式激发学生学习热情，培养学习习惯，增强学习内驱，提升学习自信，促进方面发展。

　　元代范德玑在《诗格》中说："作诗有四法：起要平直，承要春容，转要变化，合要渊水。""起要平直"，意思是文章开头破题，直接点明主旨。"承要春容"，"春容"是重重撞击的意思，这里指深入。"承"指承接开头的主旨，用具体的事例或者理论深入分析，进一步铺垫，为文章接下来的转变埋下伏笔。"转要变化"，文似看山不喜平，开头可以平铺直叙，引入主题，但总是平铺下去就变成了流水账，看得人昏昏欲睡。"合要渊水"，结尾的时候，回归到主题，归纳总结，对主题进行深入挖掘并升华。

　　"起"即起句；"承"是承接起句，是"起"句的延续、延伸；"转"就是转句，表明转折变换；"合"则是合笔，是结句，往往有点明题旨、收束全文之用。

　　以上所述为古人对诗文谋篇布局之思，但亦可运用至日常教学中来。

　　其实，课堂教学结构遵循"起—承—转—合"来构思课堂教学模型，可让课堂趋于艺术之境界。

　　起，开端也。"起"是一堂课的开始，然而万事开头难，一堂课也不例外。这是直接关系这堂课成功与否的关键所在。

　　于漪老师说："课的第一锤要敲在学生的心灵上，激发起他们思维的火花，或像磁石一样把学生牢牢地吸引住。"所以，"起"是课堂教学的重要组成部分。"起"要明快且精彩，具有超强的吸引力，能让学生迅速收心，把注意力全部转移到课堂中来，以最快速度进入课堂学习状态。同时"起"的形式需要具备多样性，更需要应景，最好能够达到信手拈来皆奇巧、情境创设皆别致的效果。而"起"的意义在于刺激学生的"本能脑、情绪脑、理智脑"，要么让学生在身体的本能反应中加强记忆,要么在情绪感染过程中加深理解,要么在理智求解过程中增强求知欲。通过大情境、小情境、微情境的设计,或者利用项目活动等方式,学生能够初步感知并提升学习兴趣,这是至关重要的,也是"以学定教、以教促学"的实用策略所在。

承,衔接也。"承"是对"起"的自然过渡及知识铺垫,是对本节课所学知识与前面知识的联系和推导,更是为本节课教学内容直接建立逻辑联系,使知识之间无缝衔接。"承"不但承接前面知识,而且为开启本节课内容奠定了坚实基础,实现从知识技能到思维方法的承接、从学科知识到核心素养的承载。"承"所对应的则是"以学定练、练习分阶"等操作环节,通过教师精讲点拨、循循善诱,帮助学生搭建思维台阶,学练结合,以练促学,承载学生的学习动力,承接学生的学习问题,让学生站得住、跨得出、走得了、跑得动。

转,转化也。"转"是真正解决问题的关键,是对学习的根本突破,是突出重点、突破难点的重要环节,是解决学生掌握知识、拥有知识,能够自由输入与灵活输出,合理运用知识解决实际问题的有效策略。合理有效的"转",可以帮助学生从浅层学习转入深层学习,从被动学习转入主动学习,从外驱动力转向内驱动力,从基础知识转入复杂知识,从个体学习转入群体学习,从单个知识转向网状结构,从单向思维转向多向思维,从简单问题转向复杂问题,等等。

合,聚智也。"合"是一堂课的归属和落脚点,是对本堂课的总结,更是一堂课完整的收束,是一堂课最终得出的科学结论。此外,"合"还可能留下悬念,有知识的拓展与延伸,为下节课埋下伏笔,从而不断激发孩子学习的激情和持久的学习动力,使其慢慢成长,实现终身学习。

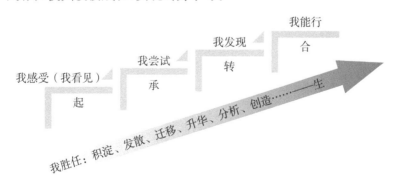

图 1-6-1 "起承转合生"流程图模式

生,成长也。在教学过程中,无论是复杂的情境还是简单的问题,无论是知识技能的学习还是思维方法的提炼,都是学习成长的必经之路。通过"起—承—转—合"的基本教学流程,学生得以由内而外地"生长、生发",在积淀、发散、迁移、升华、分析、创造等过程中,学生能够实现德智体美劳多方面发展,提高自主学习能力和胜任力。"生"是对知识技能的锤炼、对思维方法的提升、对态度习惯的培养、对人格品质的培育,既可以是整个课堂教学的点睛之笔,也可以是融合于整体课堂教学乃至课前课后的教学成果。

因此,一堂课的教学环节与设计需要根据学科特色、教学内容、教师素养、作业要求、技术支持、学生基础等诸多因素的不同而采取不同的方法。本书所述的"起—承—转—合—生"是基本的教学结构,完全可以根据实际情况,深度分析和理解课堂模式,进而获得课堂教学的最佳效果和最大成效。

不难发现,"起—承—转—合—生"可以与多种教学模式融会贯通,其核心重在创设有效的教学情境,引导学生带着问题进入课堂,再经由教师精讲点拨与引领指导,学生自主探究、相互激发,实现师生教学相长、共建共生,进而促进学生凝聚集体智慧,张扬个性魅力,由内而外实现发展,最终达到有效育人的目标。

第二章

共建—共生—共享—共赢

陶行知说:"要想学生好学,必须先生好学。惟有学而不厌的先生才能教出学而不厌的学生。"

上课是教学五环节中最重要的环节之一,是教学整体呈现的一个阶段,是教师给学生传授知识和技能的主要过程,主要包括教师讲解、学生回答、师生交互、生生交互等教学活动,也涉及教学过程中使用的所有教具。

课堂教学是素质教育的主阵地,但目前我们的课堂教学还是容易呈现忽视学生主体、教学方法单一、学生兴趣不足等问题,主要可能有以下原因:

(1)忽视主体。

教师往往把教学过程看成是学生配合教师实施教案的过程,在一定程度上忽视了学生作为学习主体的存在。由于教师课前忽略对学生情况的分析,以致所设定的教学起点与实际的教学起点无法匹配,等到上课时,好多东西都是学生早已知道的,或者完全没有接触过的,备课没备到点子上,这样会使教学效果大打折扣。

(2)教法单一。

传统课堂中教师的"教",多会照本宣科,教师只把学生当作接受知识的容器,教师的"教"和学生的"学"在课堂上达成的理想目标仅仅是完成教案所设任务。教师总是希望能够按照自己课前设计好的教学方案去展开教学活动,每当学生的思路与教案不吻合时,教师往往会千方百计地把学生的思路"拽"回来。

教师期望的是学生按教案设想回答问题,努力引导学生得出预定答案。整个教学过程就像是上紧了发条的钟表一样,什么时间讲授,什么时间提问,给学生多少时间回答问题等都设计得"丝丝入扣"。课堂成了"教案剧"出演的"舞台",教师是主角,好学生是配角,大多数学生只是不起眼的"群众演员",是正襟危坐的"观众"或"听众"。在整个教学过程中看不到教师的随机应变,看不到教师在学生思维出现阻碍时的点拨,更难呈现头脑风暴、灵光乍现的场景。

(3)学法单一。

学生学习方式单一、被动,学生的学习方式主要体现其个体性,教师与学生之间、学生与学生之间经常处于一种紧张或者无关的状态,课堂上很少看见深度交流、观点交锋和智慧碰撞,学生的学习始终处于被动应付状态。学生缺少自主探究、合作交流、协作共建的机会,致使课堂气氛沉闷、封闭。在传统的教学中,教师负责教,学生负责学,教学成为教师对学生单向的"培养"活动。在这种情况下,教学关系就是:我讲,你听;我问,你答;我写,你抄;我给,你收。在这样的课堂上,"双边活动"变成了"单边活动",教代替了学,即使学生有思考也会被自己的"理性"压抑。

(4)目标单一。

传统课堂教学重在内容传递,为了完成认知目标,有时会忽视学生的创造性和情感表达。长期以来,我们的课堂教学只强调记忆训练,却没有意识到学习不仅是一个认识活动过程,更是一个情感活动过程。"重结果轻过程"是我们在课堂教学中面临的一个十分突出的问题,也是一个十分明显的教学弊端。所谓重结果就是教师在教学中只重视知识的结论、教学的结果,忽略知识的来龙去脉,有意无意压缩学生对新知识学习的思考与发现创造过程。

(5)问题单一。

多少年来,课堂教学所追求的是循着课前精心设计的教学程序,采用一连串的追问,牵着学生亦步亦趋地接受一个又一个结论。当学生对问题的回答正是所期望得到的答案时,教师便会立即抓住时机,"如获至宝"地加以肯定或赞扬,而对某个问题的讨论也就画上了句号。即便教师提出的问题留有一定的思维空间,但常常又不能给学生充足的思考时间,这无疑在客观上阻碍了学生思维独立性与创造性的养成与发展,致使学生在思考问题方面存在着比较严重的模仿性和依赖性。教学中的每一步都由教师领着学生走,无法停下来按自己的需要、用自己的头脑去思考,可谓走马观花,无法深入体会。

（6）评价单一。

在传统教学过程中，教师对学生的评价主要体现在学生是否掌握教师所教的基础知识，是否会做题，考试是否能取得好成绩等；学校对教师的评价也基本上是看教师的教学成绩。传统的教学评价，过于注重终结性评价而忽视过程性评价和发展性评价。

（7）过程单一。

传统的课堂教学过分强调教师的教，以教为中心，教师讲学生听，教师问学生答，教师写学生抄。以教为主，先教后学，学生只能跟随教师学，复制教师讲授的内容，先教后学，教了再学，教多少学多少，不教不学，真正可谓"拷贝不走样"。如此一来，学生丧失了学习的主动性、自主性和创造性，如何做到"青出于蓝而胜于蓝"？

教师完全可以通过积极的口头语言、生动的肢体语言、丰富的书面语言来增进交流、活跃气氛，集中注意力、激发兴趣，开阔思路、启迪思维，获得反思、提高质量；可以通过设计认知性问题、推理性问题、创造性问题、评价性问题、管理性问题等，激发学生的学习动机，提供参与机会，发挥反馈作用，启发学生思考，从而实现课堂教学的管理与促进功能，提升课堂教学的效率与质量。

吴泾中学教师正是在长期的课堂教学实践过程中发现了这些老问题、真问题，所以切实有效地推进"三三四原则"，注重"以学定教、以学定练、以学定评"，以学生为本，以教材为基，以目标为准，以育人为魂，将立德树人真正融入每天的课堂教学活动中。

每个学生都是成功的，每一次成功的体验必然会促使他们取得更大的成功。教师要根据学生的实际情况，不断督促他们前进，要让他们相信，只要努力，就能做到！成功是每个人的追求，一个学校在不断追求成功，一个教师在不断追求成功，一个学生也在不断追求成功。成功，可以激发一个人或者一个团体更加强烈的自信心。我们每个人都有成功的愿望，而且在很多情况下，正是靠着这种愿望的推动，我们才能不断地取得自我发展和自我完善，每一个学生才能实现真正成长。这正是"内生增长"的体现。

所以，"作为成功的学习者"几乎是每个学生的愿望。培养学生良好的学习态度、积极的情感情绪、正确的理想信念等，是课堂教学所应有的魅力与价值所在。因此，切实把握好课堂教学主阵地，具有极其重要的作用。

"五共生"教学改进策略推进与思考

在教学改进初期,我们不仅有"摸着石头过河"的茫然与紧张,亦有敢作敢当、敢于尝试的勇气和决心。我们始终在思考教学改进研究的价值在何处,我们认为"减负增效"是我们要去做的事,因为只有师生共同"减负增效"了,教学改进才算真正有所成效。而大量的"内耗"和"内卷",只不过是比别人花更多的时间做重复的事,这绝不是"减负增效"。

"减负增效"的主体是谁?给谁减负?给谁增效?不难发现,要使学生减负,前提是教师也需要减负,当教师减负了,才有更多的时间去思考给学生减负,才能有更多的精力去研究如何给学生减负,才能在各种繁杂事务中合理规划时间,提升工作效能,从而真正促使教师去专心做研究并有效落实下去。

为此,我们提出了"五共生"教学改进策略,即共生备课、共生微课、共生听课、共生课题、共生评价。通过"五共生"的策略与相关路径,将个人思考与集体智慧融合起来,将单课时教学与大单元教学整合起来,将单一教学资源与多样化教学素材融通起来,将个人的研究与集体的课题贯穿起来,将教学评价与学生发展结合起来,从而让教师把个人的时间整合到团队的时间中来,一举多得,共建共享,共生共赢。这既可以激发新教师的学习动力,也可以培养中青年教师的教学能力,还可以传承专家型教师的经验智慧,于学生、于教师、于团队、于学校而言都是有益的。

课堂教学作为整个教学过程的中心环节,需要具有较强的科学性和连续性,备课是一个必不可少且十分重要的环节。但很多情况下,备课成了抄写他人教案或搬运老旧教案,这种形式主义的任务让我们很少去深入思考。随着"互联网+"时代的来临,O2O环境(Online to Offline)的支持使得备课不再局限于面对面的集体短时研讨,而是可以碎片化、轻量化、个性化地共享共建共生。基于在线课程平台辅助教学五环节,我们在教学管理中提出"O2O 共生备课"理念,通过人员共生、资源共生、类型共生等构建"O2O共生备课模式",不断促进教师备课效益,提升教学管理效率和课堂教学质量,后面的章节会详细讲解"共生备课"的研究。

在常态教学中,教师不可能有充足的时间和精力为全体学生梳理和讲解所有的知识点及问题,只能是根据数据分析来选择重难点进行讲解和突破,而"微课"则可以有效辅助课堂教学的推进并满足学生个性化学习的需求。"微课"是指以视频为主要载体,围绕某个知识点或教学环节而开展的教与学活动的全过程。"微课"既有别于传统单一资源类型的教学课例、教学课件、教学设计、教学反思等教学资源,又是在传统教学资源基础上继承和发展起来的一种新型教学资源。它可以提供学生自主学习的环境,满足学生对不同学科知识点的个性化学习需求,帮助学生按需学习、查缺补漏、强化巩固、延伸阅读和拓展提升。但是微课的制作费时费力,于是我们提出了"共生微课"的概念,根据课时目录的需求,教师们将自己以前保存的微课、新发现的各类优质微视频等分享在统一的平台里,供大家根据教学需要进行选择,从而实现减负增效,共建共享。

听课作为学校教学工作的重要内容之一,可以促进教师专业发展和课程建设,评估教学、科研或培训项目,收集教学一线资料进行研究等。听课有利于促进青年教师的学习提高和成长,也有利于学校良好教学风气的形成,促进教学改革深入有效地进行,更有助于营造集体合作的教研氛围,促进教学改革的深入和质量的提高。但我们检查听课记录材料时发现,仅使用听课记录本开展的听课材料单一、不易保存、不易归类、不易借鉴,成了"任务式材料",形式主义明显。于是我们提出了"共生备课"的理念,引导教师们通过学校自主设计的小程序分享自己对不同课时的听课记录,供大家相互借鉴学习,凝聚智慧,传递经验。

我们发现课题研究对工作者、学习者的作用是非常大的,是其他形式无可替代的。课题研究最能发现、涵养自己的兴趣,彰显自己的热情,渗透终身学习理念,实现专业化发展,从而紧跟时代社会发展的步伐,保持旺盛的思想力,提高创新实践能力,保持专业发展领先地位。但是教师做课题时经常苦于种种困难和障碍,从而严重阻碍了其专业发展,于是我们提出了"共生备课"项目,引导各备课组教师协作共生,在日常教学中抓住细节,勤于反思与总结经验,善于分享与传承智慧,通过相互协作、各尽其职、各取所长,形成各类教学研究的案例和论文成果,从而助推不同层次教师的专业发展。

　　教学评价是教学活动不可缺少的一个基本环节，它在教学过程中发挥着多方面作用，不仅从整体上调节、控制着教学活动的进行，而且保证教学活动向预定目标前进并最终达到该目标。教学评价具有检验教学效果、诊断教学问题、提供反馈信息、引导教学方向、调控教学进程等重要作用，合理使用教学评价可以有效助推教学质量与教学管理。为了改变日常教学评价中形式单一、维度单一、对象单一等问题，我们提出了"共生评价"的理念，该理念就是通过自评、互评、他评，线上线下融合评价，课前课后形成性评价等多种方式，以评促教，以评促学，以评促练，以评促建，助推教育教学质量稳步提升。

　　此处所述"五共生"只是我们在教学改进研究中一直在试行且产生一定成效的项目，目前我们仍在不断思考与改进，我们的初衷是真诚的，我们的目标是清晰的，我们的情感是真挚的，我们的行动是切实的，我们不希望做"假大空"的研究，也不希望"造盆景"，我们想求真务实地做有意义的研究，真正可以助力学生的成长和教师的专业发展。

各类展示交流活动促进教学改进研究

为了建设高水平教师队伍,推进学校新时代的校本教研转型,我们结合学校教师专业发展工作和强化推进学校课堂教学改进的迫切需要,加强"新课标"下的教学研究,提升教师教学业务水平发展,大力支持青年骨干发展,促进骨干教师引领作用,增强教师乐教乐研意识,增强各组校本教研氛围,推动"新课标"等有效落实,提升以研促教研究成效,优化师资队伍专业素养。

如图 2-2-1 所示,我们根据入职年龄,将教师队伍分为青年先锋队、骨干突击队、专家堡垒队。同时根据每学期工作安排,结合开展各级各类教学展示交流活动。

教研组教师均须参与每次研讨活动,基于"新课标"的研究与思考,结合"三三四"原则及"起—承—转—合—生"教学模式开展深度教学研讨。

教师需要根据教学内容撰写优质教案,包括教材分析、学情分析、教学目标、教学重难点、教具教法、教学过程等核心板块,根据学科需求,还可加入板书设计、作业设计、教育技术应用说明、教学反思、教学流程图等。此外,根据教学实际,还可以提供相关资源,例如:校本作业、导学单、PPT 课件、模拟实验等。教研组长根据本组的教研活动时间,有效组织公开课后的教学研讨活动,既重"教"又重"研",要教得清楚,还要研得深入。同时,组织教师收集相应的材料,凝聚集体的智慧,并以"共生备课"为平台进行分享交流。

在研讨的过程中,教师能够强化自己对教材的理解,对"新课标"落实的探索研究,对教学模式和教学策略的设计思考,反思"以学生发展为本"的教学设计及做法,改善教学过程中教育技术应用或教育数字化转型的实效等。

青年先锋队

骨干突击队

专家堡垒队

图 2-2-1 教师队伍组成

　　通过不同类型、不同层次的展示交流活动,再结合市、区各级各类研讨活动,教师定期进行活动总结、成效反思,以研促教,以教助研,激发更多教师关注课堂、关注学生、关注教学的职业热情,营造"人人优秀,优秀人人""人人乐和,乐和人人"的文化氛围,让大家向着"自己心目中那个影响千百个家庭的好教师"的目标不懈奋斗。

图 2-2-2　以教助研,以研促教

　　"教研"的"研"表述为以石磨开物体,磨细、碾碎,引申为深入探究。"只教不研傻把式,只研不教假把式。"在长期的一线教学过程中,教师如果剥离了"教"与"研"的关系,很难实现从优秀走向卓越。我们希望教师在"研"的过程中"用教育理念之石磨开教育症结困惑",同时也希望"精诚所至,金石为开"。

　　吴泾中学全体教师砥砺前行,踔厉奋发,聚力同行,研思共进,以教助研,以研促教,凝心聚力抓教学,减负增效促发展。

"教学五环节"常规管理与推进

备课、上课、作业、辅导和评价是课堂教学的五个基本环节,大量事实证明,"教学五环节"的落实程度直接影响着教学质量。课堂是培养学生学习能力的平台;备课是教师对学情的预设和对整个教学过程的设计;上课是教师对备课的艺术处理;作业的布置与批改是教师和学生之间的一种交流与反馈;辅导促进因材施教;评价则是衡量和促进师生教与学的有效手段。

教学的整个流程是锻炼学生学习能力的载体,抓实每一个环节是提高教学质量的关键,教师要在备课、上课、作业、辅导、评价各个环节中用启发、引导和鼓励的方法,帮助学生积极思考、发现问题、解决问题,培养学生的观察能力和探索精神。

教学改进的核心问题是"课程"与"课堂",而教师是其中最积极、最活跃的因素。教师课堂执行力的核心问题则是课堂教学的有效性,需要通过遵循教学规律的实践行动,改善课堂教学模式,达到"轻负担,优质量"的教学效果。

每一位教师在教学道路上不断摸索和创造,为的就是通过深入剖析教材,从而得到最为高效的课堂执行方案。时代赋予"教学五环节"新的内涵,这更需要教师构建规范、有效、创新的管理制度去探索、去实践。

好的课堂教学,不仅要将教材讲透,还要能够将学生带进更广阔的知识海洋,让学生既见"树木"又见"森林"。

我们要将课程目标转化成课时目标,就需要抓好教学五环节的常规管理,在扎实的日常基础工作中推进教学改进,从而获得实效。我们会强调灵活运用教法学法、教学环节、教学材料,规定备课组的研讨时间和备课时间,定时定量,确保高效;规定备课环节,统一进度、统一目标、统一检测;注重备课标、备教材、备学生、备教法、备辅导、备练习等;忌生搬硬套,忌忽略实际,忌抄袭他人,忌敷衍了事。

教学设计要包括教材分析、学情分析、教学目标、教学重难点、教学方法、教学流程等基本环节,还可以根据学科特色涵盖教学工具、教学流程图、教学反

思、板书设计、练习作业等内容,同时注重对于"三三四原则"及"起—承—转—合—生"教学模式的合理应用。

"教学五环节"反映的是一位教师对教学整体规划设计的完整思考过程,但是大多数教师只有单课时设计与简单思考,只体现了对教学的微观把握,而忽视教学的宏观思考。我们还积极关注"主题化、大概念、大单元、项目式、跨学科"等关键点,在教学过程中进行有意识的研究。"教学五环节"的推进要基于"新课标",基于教材,基于学生,只有注重"建构主义、最近发展区、脑科学、认知心理学、多元智能"等科学原理,才能有效落实,科学推进。

例如,要认真学习、研究教学大纲及课程标准,明确各章节在教材体系中的地位,根据课程标准的要求及教学实际,合理安排学期授课计划。要明确教学目的,研究了解学生实际情况,根据教学内容及教学实际确定章节、单元及课时教学目标。教学目标应涉及知识技能、思维方法、情感态度价值观、核心素养等不同要求。要按照教学目标,根据教材内容及学生的实际,恰当组织处理好教学内容、作业设计、作业实施、课后辅导、多元评价等。教学过程设计应充分体现学生的主体性,激发学生积极主动参与学习过程。既要考虑教师的教,也要考虑学生的学,面向全体学生,调动学生的学习积极性,要留给学生独立思考、活动、练习、辅导、评价、反思、成长的时间。

表2-3-1及表2-3-2是我们设计的教学设计模板,在教学改进过程中,我们不断进行优化与迭代,从最早的1.0版本慢慢补充完善到3.0版本,供全校教师在此基础上进行个性化设计与创造。虽然这只是简单的教学设计模板,也仅仅只是框架示意,但是它传递的是"三三四原则"的教育理念以及"起—承—转—合—生"教学模式的基本结构。有教无类,教无定法,能够利用这些素材,激发老师的教学设计灵感,提升教育教学质量,为老师减负增效促发展,就是我们的理想目标。

表2-3-1 "乐和课堂"教学设计模板1.0版本

"乐和课堂"教学设计模板	
教学内容 (主题)	
教材分析 (含单元结构分析)	

"乐和课堂"教学设计模板	
学情分析	
教学目标	
教学重难点	
工具、方法	
教学流程图 （含单元知识结构图）	

表 2-3-2　"乐和课堂"教学设计模板 3.0 版本

"乐和课堂"教学流程			
环节活动	教师活动	学生活动	设计意图
起（问题情境）			
承（精讲点拨）			
转（讨论交流）			
合（展示表达）			
生（总结提升）			
……			
板书设计			
作业设计			
教学反思			

　　我们坚持立足"新课标"、立足教材、立足学情,基于建构主义,尊重最近发展区等,重视"三三四原则",活用"起—承—转—合—生"基本教学模式。

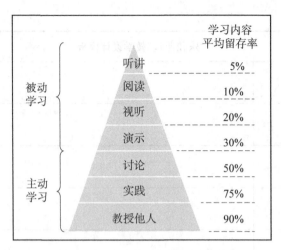

图 2-3-1 "学习金字塔"结构图

　　教师课前充分准备,精心备课,做到心中有案、心中有生、心中有法。教学目标明确,内容正确,密度适当,重点突出,难点突破。课堂结构合理,主次分明,层次清楚,容量适中,环节紧凑,节奏适度,条理清晰,讲解准确,分析透彻,杜绝科学性错误。教学形式、方法运用符合教学需要、学科特点及学生实际,关注学生自主学习的时间和空间,并能根据学生在课堂上的反馈信息及时调整教学方法。

　　教师积极利用信息技术与学科整合,使教学手段多样化,充分调动学生的积极性,提高学习兴趣,改善教学效果。在注意教法的同时,我们更注重学法,以此指导学生的学习方法。同时,重视"学习金字塔"理论模型,关注输入更重视输出,关注师生情感更关注学生与"书本世界"和"生活世界"的沟通,培养学生的问题意识和解决问题的实际能力。

　　教师坚持从"改变一点点"做起,进而促进课堂教学"一点点改变"。我们秉承"人人优秀,优秀人人"的工作作风,求真笃行,不断提高教学水平和业务能力,让更多的学生爱上我们的课堂,让教师成为"自己心目中那个影响千百个家庭的好老师",让每一天从踏实求真的"教学五环节"常规工作开始。

和而不同，评而不凡

科学的教师评价可以促进教师专业发展，教师的专业发展关系着学生健全人格的形成，而教师学生共同成长才能促进学校的和谐发展。

学校普遍容易关注对教师的终结性评价，而且评价也大多指向教师的教学成绩，既容易存在"一刀切"现象，也容易产生不合适的评价导向。为了减少看似"一团和气"的评价矛盾，真正向着"人人优秀、优秀人人"的教学氛围发展，维持教师之间适宜的良性竞争压力，真正助推那些努力上进、兢兢业业、脚踏实地的教师从优秀走向卓越，我们从教学管理方面也进行了思考与尝试。

从理论上来说，教师评价对教师的成长具有三个方面的作用：一是导向作用，激发教师的积极性，引导教师从优秀走向卓越；二是诊断作用，通过教师评价，引导教师发现自己工作上的优势和不足；三是预测作用，教师评价不仅关注教师过去的业绩，更面向教师未来的发展。

只有为广大教师的成长提供切实可行的机会，满足教师不同层次的发展需求，实施有效的教师评价机制，才能多方面激发教师潜能，最大限度地发挥每位教师的才智，从而实现学校的可持续发展。根据美国社会心理学家亚伯拉罕·马斯洛的需要层次理论、我国熊川武教授的全面激励理论，以及学校实际情况，并结合对教师评价总体要求，我们进行了一些具体的可操作性的实践探索，主要通过"搭建考评平台→专题培训推进→教师数据共建→依据实证研究"等环节开展。

1. 搭建数字化在线教师考评平台

教师的常态工作主要包括备课、上课、作业、评价、辅导等环节，当然还包括测试、科研、公开课、教学研讨等专业发展项目。这里面既有常态教学工作，也有专业发展需求，只有两者结合起来，才能更好地助推教师的专业发展。

为此，吴泾中学教导处在学校内部的教研平台里设计了专门的栏目，主要

包括"共生备课、共生微课、共生听课、校本作业、拓展课程、学生综评、质量分析、宣传展示"等栏目,囊括了各学科教师在日常教学工作中的众多方面,均可以在线上进行数据量化呈现和汇总分析,界面效果如图 2-4-1。

| 我的积分 | 共生备课[20] | 共生微课 | 共生听课[20] | 课后服务 | 校本作业 |
| 拓展课程 | 学生综评 | 质量分析 | 宣传展示 | 荣誉管理 | 申请录课[2] |

图 2-4-1 吴泾中学数字化在线考评主要栏目

有了这样的数字化平台,教师们就可以将教学工作的点点滴滴资源进行提交,通过日积月累获得相应的数据,为教学管理部门的评价、组室推荐和自我评价提供真实可靠的参考。例如:学校要求每位教师每周至少分享一则有质量的备课资源,每学期至少 20 次共生备课,为有效落实减负增效,主要通过共生备课的模式共建共享。每个备课组每学年至少有一个校级课题,以促进教师科研能力与专业发展。每位教师需要完成至少 2 次云录播课,通过云录播课的研究促进自己的专业发展。不同类别的教师每学期完成不同数量的听评课记录,促进教师听评课与教学改进实践能力等。

2. 构建教师专业发展评价机制

在明确"教学五环节"及相关的教学考评指标以后,根据教师发展需求及学校现状,我们设计了教师专业发展评价指标。

教师教学常规及专业发展评价指标主要包括:线上研讨、听课记录、共生备课、校本作业、教学计划、活动记录、质量分析、云录播课、各级各类公开课、学分作业、个人荣誉、校级课题、拓展课程等相关内容,并根据不同类别和权重进行赋分,同时按照教研组、年级组、备课组进行自动分类,供组室评优或自我评价参考。

3. 推进全员培训与常规教学落实

在完成平台搭建及标准设计以后,我们进行了多次的教师应用培训,包括如何进行在线备课,如何提交微课资源,如何申请云录播课,如何在线查看质量分析,如何上传所获得的荣誉证书,如何上传听课记录,如何申请和提交校级课题,等等。

通过多次专项培训以及微视频讲解,全体教师对主要的栏目和教学常规工作有了更清晰的认识,也为全校教师深入实践研究奠定了基础。

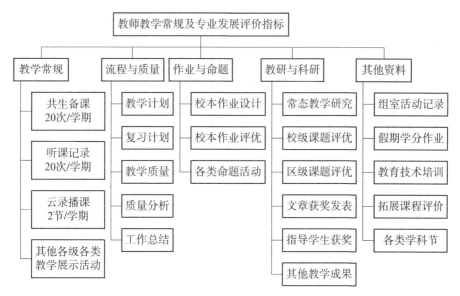

图 2-4-2 教师教学常规及专业发展评价指标

经过 3 年多的研究实践,吴泾中学教师进行共生备课 3 万多次,申请云录播课近千节,开设拓展课程累计 300 余次。许多青年教师更是从校级课题、区级课题中收获颇丰,通过常态教学研究、命题研究、校本作业设计等,促进自身专业发展,并在市、区级各类教学评优、案例评选、论文征集等方面获得显著成效。

相信,再经过几年的厚积薄发,吴泾中学教师的专业发展将迈上新的台阶。

4．开展量化考评实践研究

下面以几个片段,简要说明基于数字化过程评价应用研究实证,以反映此策略在教师教学常规考评及教师专业发展中的重要价值。

（1）基于数字化考评落实常规教学工作。

3 年多的时间里,学校进行全员实践研究,动员全体教师开展方法学习、操作培训,结合云录播课、一师一优课、新媒体新技术课等活动,注重课前备课、课中优课、课后思课,对具体班级学生进行个性化备课,对不同班级进行差异化备课。大量的实践案例研究,解决了备课过程中的多种老问题、小问题、假问题,诸如不愿共享、资源过时、灵感易忘等问题,使备课活动从单个教师延伸到整个备课组和教研组。

教师们可以在平台里分享校本作业、课件讲义、习题试卷等重要教学资源,

也可以分享课堂板书、教育随笔、练习截图等,方便研究组教师基于平台进行集体备课、资源共建共享,有助于师生更好地开展教学活动。

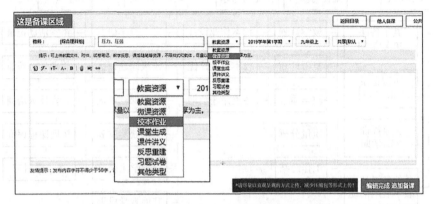

图 2-4-3　吴泾中学共生备课平台效果图

　　这样的共生备课模式,把原本需要线下集中研讨的工作,用线上碎片化分享的方式替代。它既保留了线下交流研讨的模式,也利用好了线上共建共享的优势,使得集体备课无时不在、无处不在,只要我们想到了,就可以进行备课,并把自己的备课思想和教学资源共享在平台里,这些在无形中促进了集体备课氛围的形成。

　　数字化考评平台的支持与常规考评机制的落实,给教学管理部门评价各教研组、备课组以及教师的常态教学工作提供了极大的便利,教学管理部门只需要在平台里搜索和分类,便可以快速获得相关的信息,提升教学管理的效率。如果发现某些比较特殊的情况或者数据,可以通过截屏即时和教师沟通,确保数据完整性、科学性、规范性,减少不必要的评价矛盾,以数据为证,以实践为理,让评价真实、高效、有意义。

　　(2)基于数字化考评精准分析教学质量。

　　在学业诊断中,每次测评以后,备课组教师会聚集在一起,进行小组统计登分,分析数据,其中包含我们常说的一分三率,即平均分、优良率、合格率和低分率等数据。教师们大多使用传统的数据分析手段,针对学业成绩、知识点、能力层级等数据,进行初步的简述分析。但由于教师们对这些非结构化数据的分析技术不足,多数教师无法从中深度解读出学业信息,某些平台提供的数据分析并不符合学校的个性化需求。

为了满足学校的个性化考评需求,用客观数据助推教师评价的科学性和规范性,我们在平台里加入了质量分析功能,通过对不同学期不同测评项目及年级、学科的筛选,便可以得到不同的数据。

通过数据筛选与历次测评的数据分析,我们设计了各项指标的折线图,包括从进入学校的第一次期中练习至初中毕业的所有测评数据。评价指标还会呈现每次的年级平均分、优良率、及格率、低分率等数据以及班级与年级的差异、班级与班级的差异,帮助教师更好地分析与重建、优化与改进,不断帮助教师进行客观评价、教学改进和科学分析。

此外,为了科学评价任课教师教学质量的变化,帮助教师有针对性地分析每一个同学的发展变化,我们还设计了每个学生的变化趋势图表,点击每个学生的信息页面,便可以获得他们历次测评的结果以及与班级平均、年级平均相关的差值数据,供教师进行个性化分析,既能帮助教师开展差异化教学,也能帮助年级组、教研组更客观地分析教师教学质量的发展变化情况。

基于平台的质量分析功能,不但可以筛选出具体的数据,还可以筛选出不同层次学生的主要问题、学情分析、学科差异、班级差异等,这些数据既为教师后期开展差异化教学和精准化辅导提供了切实有效的参考,也为学科教师进行集体备课和资源建设、教师自评互评、过程性评价提供了真实数据,更为客观评价教师的教学质量提供了依据。重视教师教学发展性评价,既避免了以分数论英雄、定输赢、贴标签等负面影响,更避免了看面子、讲感情、凭关系等因素干扰,使评价更具科学性、规范性,实现以评促建,以评促优。

(3)基于数字化考评促进教师队伍建设。

经过长期的过程性资料积累,教师们形成了丰富的教学资源和数据,各教研组、教师个人、教学管理部门都可以基于平台进行数据查询,并根据教研组、学科、类别、学期等字段进行数据查询,使数据查验与评价效率大大提升,真实性和规范性也得到广泛认可。

为了助推不同教研组基于平台进行数据分析,发现不同教师在不同方面的优势与劣势,同时根据教学管理数据为教研组发展提供科学规划和自评自改,平台不仅提供了数据查询和文件预览功能,还设计了数据统计与分析汇总、积分评价等功能。

平台会自动根据教师的数据进行汇总,包括云录播课、共生备课、教学资源、教师荣誉、拓展课程、听课评课等项目,同时根据完成此项工作的难易度和

完成数量,匹配相应分值,最后统计出该教师的学期整体得分。当然,教师也可以选择查询自己获得过的所有积分以及之前各学期的相应积分数据,为自己的发展规划和工作推进提供参考。

学校借助数字化考评系统,分析每位教师在每个项目上的完成率、达标率、等级质量、教学成效、参与度等,帮助部门、组室、教师更好地进行评价,明确哪些方面存在不足,了解后期如何进行优化提升等,真正做到以数据为证,促进常态教学工作有效落实,促进教师专业发展。

另外,学校不仅关注对教师个人的评价,还关注对教研组、备课组的集体评价。通过系统导出全体教师的积分数据,便可以按照教研组、备课组、年级组进行筛选,再按照一定权值进行计算,从而评价出优秀组室。以数据为实证的评价,不仅是为了追求评价结果的公平,更是为了促进教师的自我发展规划。

经过多年来不断地推进,如今教师已将此项工作融入教学常态。在定期的教研组常规资料检查过程中,在每学期的优秀备课组和教研组考评过程中,这些数据为我们提供了全面、科学、客观、公正的数据参考,各组室和部门完全可以基于这些数据进行激励评价,使评价更具说服力、榜样性和辐射价值。

通过数字化过程性评价平台的应用,教师备课、授课、作业、评价、练习、科研等多个方面的工作得以真实有效地记录下来。此外,这些数据不仅可以清晰地反映全校教师整体的完成效果和质量,还能反映各教研组教师的整体情况,为教学管理部门进行科学评价提供有效参考。

基于教育数字化转型背景下的考评机制,我们推崇"人人优秀、优秀人人"的评价理念,始终秉持"全面助推教师专业发展"的评价导向,不在教师群体中进行"竞速",不"拔高"不"内卷",着重挖掘优秀的案例和身边的好教师,引导大家向踏实求真、兢兢业业的好教师学习。可能这些优秀的教师中有的云录播课开得多,有的备课质量高,有的校级课题优秀,有的荣誉获奖多,这些教师不都应该是优秀的吗?他们不都是优秀教师的代表吗?

通过数字化考评机制,我们将原本线下依据"人情世故"的"讲面子"转化为线上"数据统计"的"讲实证",将原本线下"翻箱倒柜"准备评优的"资料包"转化为线上"自动化评价资源库",将原本线下"论资排辈"形成的"排队"状态转化为线上"数据导向"的教师"评优机制",它借鉴了常见的"教师发展数字化档案",但又融合了符合校情的"常规教学管理评价",真正做到了以评促优、以评促建。它不仅为教师个人发展提供了真实可信、切实可行的参考,更为备课组工作计划和反思、教研组骨干培养与推荐、教学管理部门各方面评优等提供了数据参考,遵循了评价的客观性、过程性、激励性、发展性等原则。

该研究数据在前面均有描述,包含资源共建情况、教师获奖情况、科研课题情况等。数字化评价力图关注过程性数据,而且是真实的日常教学数据,将教师日常工作表现作为评价的重要依据之一;重视全员激励、全程激励、全素激励,重视教师自我评价、教师专业发展、教学诊断反思,使教师从多种渠道不断提高专业素养;既进行定量评价,又进行定性评价,构建全方位动态评价体系。

基于线上数字化教学评价策略,我们引导和激励广大教师充分自主创新、健康发展,注重教学常规,夯实教学基础。我们打破过去的单一评价模式,由一元变多元,注重教师的个性发展评价和过程性评价,既促进了"和谐"的组室文化建设,也彰显了不同教师在不同工作项目上的个性与特色。

同时,我们还注意对教师的评价要避免"为评而评"的形式主义,避免"以分定评"的一刀切模式,避免"无效指标"的评价体系,避免"以情主评"的面子工程等。

教师成长是一项系统工程,教师的评价改革仍然是重要课题,对学校、教师来说,都还有一个逐步认识与完善的过程。本文所述的评价仅仅是我校教师评价中关于教学常规工作评价的一个方面,以此反映我们在教师评价变革上的一些创新观点和有效策略。以上探索并不一定全面,仅仅是我们摸索过的河底之石而已,但这一摸索的过程也是自我驱动与完善的研究过程。

我们努力使教师评价日趋完善,努力使评价真正能带给教师成长与发展的动力,我们期待在兼顾各种平衡的教师评价制度下,教师生活的脚步更轻盈、工作的价值更明显、成长的步伐更坚实。

"乐和课堂"的落实与教学评价

教育是国之大计、党之大计。培养什么人、怎样培养人、为谁培养人是教育的根本问题。育人的根本在于立德。全面贯彻党的教育方针,落实立德树人根本任务,培养德智体美劳全面发展的社会主义建设者和接班人至关重要。

课堂教学改进的根本阵地在课堂,它需要每一位教师站在学生的角度思考如何教,如何学,为什么这样教,还可以怎么教,也就是说在"为党育人、为国育才"的过程中,深入研究"培养什么人、怎样培养人、为谁培养人、靠谁培养人"。

教育教学要取得成绩,必须加强管理。但这种管理应当是符合人性的、人本主义的管理。也就是说,管理必须以人为本,促进人的健康成长与自主发展。压抑人、把人异化成工具的管理是错误的,纵能收一时之效,必将丧失长远的利益。教育要以人为本、科学管理,这是教师与学生的呼唤,是社会进步的要求,不可单纯为了应试,把人看成实现某个目标的工具,追求短期效应而急功近利。以人为本的理念,应当贯彻与体现于教育教学的全过程,并成为每一位教育工作者的共识。

为了更好地落实"乐和课堂"教学改进研究,我们设计了教学评价表,供教师自评、听评课互评、展示课调研、评优课参考等使用。评价表从 1.0 版本不断迭代为 5.0 版本,将其划分为"三定、三分、四要素"三大板块,十项指标对应"三三四原则"的十个主要参数,同时进行细分,并在评价表中不断强化"三三四原则"的基本理念与实践路径,以帮助教师更好地基于评价细则优化教学设计,促进教学改进研究成效。

基于评价的教学研究,有利于教师之间相互学习,取长补短,共同提高;有利于青年教师学习优秀教师的先进教学经验,使自己更快成长为一名合格教师;有利于良好教学风气的形成,促进教学改革的深入,提高教学水平和教学质量。

基于评价的教学研究，能够促进教师学会"换位思考"：这堂课如果由我来讲该怎么设计？"起"得顺利吗？"问"得深入吗？"承"得有法吗？"转"得有质吗？"合"得有效吗？"生"得有用吗？将不同教师的教学设计进行对比与反思，哪种教法对学生更合适？哪些环节值得借鉴和研究？哪些智慧值得汲取和发扬？哪些不足可作为教训来避免？在思考的过程中，将这些变为自己的经验积累下来。

基于评价的教学可以实现"以评促教"，这是教学过程中一项必不可少的工作。通过自评、互评促进个人专业发展，促进教师队伍整体提升，不仅有利于教师博采众长，避免闭门造车，更为其今后教学质量的提高奠定基础。

"乐和课堂"教学评价表的最大意义不在于用这些指标去评价某一节课，而是在评价的过程中，引导教师们时刻关注这些基本教学理念、师生关系、角色定位、技术赋能、教研主题等，在评的过程中促进自我反思与优化改进，这种对于思想上的迭代更新才是此项评价所具有的重要价值，也是我们追求的理想目标。虽然评价表的迭代已经到了 5.0 版本，但我们仍然在随着时代的变化与教学改进研究的需求不断优化，不断精进，不断发展。

"共生备课"凝聚集体智慧

古人云:"凡事预则立,不预则废。"

传统教学方式已不能适应现代教学改革的需要,因而如何把新的教学理念落实到课堂教学中,是当前迫切需要解决的问题。上好课的前提是备好课,备课是"教学五环节"之一,是教师最重要的教学基本功。备课不充分或备得不好会严重影响课堂教学氛围和教学质量达成度。

课堂教学作为整个教学过程的中心环节,具有很强的科学性和连续性,在教学前必须做好充分准备。在教学中,备课是一个必不可少且十分重要的环节。然而在很多情况下,备课变成了抄写他人教案或搬运老旧教案,这种形式主义的任务让我们很少去深入思考备课的价值。

如果用大量的纸质手写材料来备课,教师在繁忙的工作之余,是否有余力进行书写?对教学的变更又如何进行优化?这些纸质材料又如何为今后的备课提供有效的帮助?教师会不会因为疲于应付而直接简写甚至照抄呢?

每节课前都进行集体备课,能全面执行下去吗?在繁忙的工作之余有那么多时间进行集中备课、集体研讨,并请专家全面深入指导吗?如果时间不够或者进度有差异,又该如何做?

备课是决定课堂教学质量高低的重要一环,也是课堂教学艺术的重要组成部分。知识的发展、教育对象的变化、教学效益要求的提高,使作为一种艺术创造和再创造的备课需要得到不断的完善和发展。常规状态下我们所看到的备课往往止于"一个人的战斗",即使是集体备课大多也仅是针对一学期的少量课时进行研讨,而且在短时间内无法收集和形成完整的思想,所以导致很多教师总是"孤军奋战"。很多情况下,备课往往是"临摹"教案或"搬运"教案,这种形式主义的任务使得备课失去其本真的价值,更加无法促进对课堂教学的改进。

如何在备课中体现"高效"？这不仅仅要从备课时间方面进行考虑,更需要从实际应用的效果进行分析,不同的学情对备课的要求也是不同的,相同的备课资源应用到不同的班级也会产生不同的教学效果,所以"因材施教、以学定教"就显得尤为重要。在此背景下,众多学者和教师对备课进行了深入研究,提出"网络环境下集体备课模式研究""基于网络环境的电子备课研究""区域网络电子备课模式研究""高效集体备课模式"等。经过仔细研讨发现,这些研究主要集中在"网络环境、二次备课、集体备课、合作备课、区域备课、预学导学案"等关键点上,突出了互联网资源整理、模块化电子备课、区域共享备课等要点,也呈现出这些研究在不同角度产生的明显效果。

在"互联网＋教育"的浪潮上,教师具备了数字化的思想,善于从网络获取并整理资源,也能够基于网络进行资源互享。其实不难发现,基于网络环境的备课具有很多优势:它可以改变教师对纸质备课的观念,将历史文化与新兴技术有效整合;可以营造一个讨论交流的开放性氛围;可以即时收集信息并保存资源,使教师深入认识课标和教材;可以借助网上经验更好地把握教学目标和重难点,为教案和课件的编制提供素材;等等。

网络环境下,鼠标轻轻一点就能获取大量资源,教师还有心备课吗？教师会不会直接生搬硬套,而不结合实际学情开发适合自身的教学资源呢？教师会不会看到繁杂的资源以后,直接选用那些看起来似乎"好用、可用"的资源,而不是真正符合校情和学情的"个性化资源"呢？过度依赖网络资源是否会削弱教师的创新意识和自主备课意识呢？这些问题也是在课堂教学改进研究中不断萌生出来的,于是我们提出了共生备课的理念。所谓共生备课就是要把线下面议的优势和线上碎片分享的优势结合起来,在共生备课平台里分享各种教学资源,不受时空限制,从而促进备课真实有效进行。

在共生备课的概念里,除了教师自己,我们还应该整合同年级教师、教研组教师见解,以及外校教师、学生生成资源等进行备课。备课的工作主要包括学习课程标准、钻研教学资料、阅读参考资料、研究有关教学经验、深入了解学生状况、选取具体恰当的教学方法,编写课时教学设计等。所以一份教学设计只是显性的备课呈现方式之一,此外还要深入备教材、备学生、备教法、备教具、备活动、备练习、备作业、备评价、备辅导等。

由此,我们提出了共生备课"多维合一"结构(如图2-6-1所示)。此结构以"线上备课平台"为技术支持,以"学生发展"为核心目标,通过人员共生、资源

共生、类别共生等构建"共建、共生、共享、共赢"的备课模式。

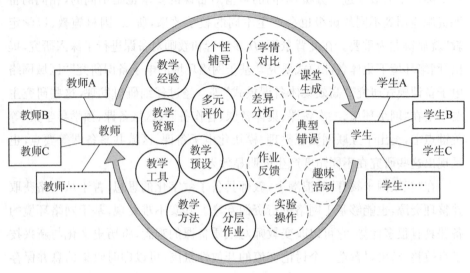

图 2-6-1 "多维合一"的共生备课结构

首先，要明确 O2O 环境（Online To Offline）并不等同于简单的网络环境，它是线上、线下的整合，是打破时空限制的，教师既可以在课前、课中、课后进行个性化备课、集体化备课，又可以对自己的备课资源进行反复优化。如果仅仅关注网络环境下的资源收集，而不重视过程评价、资源统整、反思改进，那么备课也是散点状的、平铺式的，很难做到立体构建和能力提升。

其次，共生备课是通过多年级、多人次的循环备课，使每个课时的教学资源变得丰富、立体，使备课活动真正能够以学生为本，解决教学中的小问题、老问题、真问题。我们通过平台搭建、宣传动员、目录创建、功能优化、实践研究、资源整理、成效反思等环节开展了长达三年的落实与推进。

教师根据目录进行共生备课，重视"以学生为中心"，一切教学活动和行为都是为了尊重学生发展规律、科学应用资源和活动，以促进学生的心智得到发展。教师们在平台里分享校本作业、课件、试卷、板书、随笔、课堂活动等，帮助大家基于平台进行集体或个性化备课、个性化备课、实现资源共建共享。

这样的共生备课模式，把原本需要线下集中研讨的工作，用线上碎片化分享的方式替代，使得集体备课跨越时空阻碍，提高了备课效率。

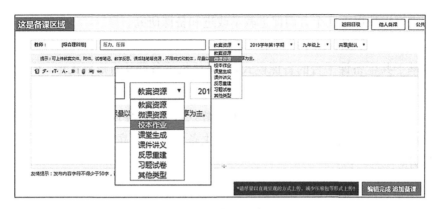

图 2-6-2　共生备课资源创建的网页效果图

表 2-6-1　共生备课资源类别

类别	对 应 资 源
教案资源	云录播课的教案、参加教学评优的教案、公开课的教案……
微课资源	目前逐步推进的项目、微音频、微视频……
校本作业	进入 3.0 版的校本作业,即分层作业、生本作业、个性化练习……
课堂生成	教学板书、学生实验、一题多解、学生活动、突发事件……
课件讲义	PPT 课件、Flash 动画、知识点梳理、专题解析……
反思重建	课后反思、学情对比、问题呈现……
习题试卷	中期监控、模拟考试、本区或外区各类试卷……
其他类型	其他创意、个性化、有助教学改进的资源……

基于共生备课模式,可以将课件、动画、微视频等分享在平台中,按照教材内容和课时目录自动分类和匹配,对教师的单元设计能力、整体架构思维、教学活动设计都带来很大帮助。它还帮助学生更快更好地获取优质资源,这些资源不像网上资源一样杂乱无章,而是符合校情、学情的。因此,经过共生备课的资源将更具针对性、结构性、系列性。

不难发现,共生备课从模式、意义、资源、平台、技术、经验等方面都提出了全新理念,为全体教师有效进行碎片化备课、在线集体备课、智慧碰撞交流等提供了一种切实可行的模式和途径。

经过长期研究发现,共生备课远比起初所设想的资源整合更具研究意义,

因为它可以从以下几个方面促进教学改进和备课研究。

（1）共生备课有助于推进集体备课。

基于共生备课平台的备课模式，能够让集体备课从有形到无形，再以无形助推有形，让集体备课有的放矢，让集体备课跨越时空限制，真正把自己的思想和智慧共享出来。如果教师能够真正理解其价值，摒弃你我之别，抛开功利化比较，并在教育教学中持续推进，那么共生备课将可以高效助推集体备课质量的提升。

（2）共生备课有助于推进技术赋能。

基于共生备课平台，教师可以将平时在网络上学习到的优质微课等资源共享在备课平台，经验型教师可以负责查找这些优质资源，青年技术型教师则负责视频的剪辑与分享，这样发挥各自优势，共同推进教育技术的深度应用。

（3）共生备课有助于提升备课精准度。

在没有共生备课时，传统备课往往是教师各自备课，很少能抽出时间坐下来一起安安心心地备课研讨。而基于共生备课的碎片化研究，教师可以将自己想到的、做到的、学到的东西即时分享，相互学习，也让自己在备课时少走弯路、直达目标、提升教学质量。这与前面所述的"学来的、换来的、用来的"也有异曲同工之妙，因为教师在这个过程中也在学习。

（4）共生备课有助于促进资源统整。

特别是在实施单元设计教学以后，我们需要整合更多的教学内容、教学资源，从更宽广的视野来审视自己的备课，从更多元的角度来评析自己的教学设计。因此，基于共生备课平台，更多教师通过对单元设计的认识、对校本作业的剖析、对教学设计的分享、对配套资源的共建，有效促进资源统整，充分利用更优质的资源，在优中择优，实现更优质的备课。

（5）共生备课有助于优化专题教学。

在以往的专题教学研讨时，教师大多都只是研究专题学习的主要构架，很难对具体实施过程和资料进行及时分享，很难达到即时交流、即时呈现的效果。即使现在利用手机可以在群里分享，也呈现出凌乱和无序的状态。基于共生备课模式，教师可以针对专题分享自己的智慧，比如思维导图、系列微课、校本测验等，帮助其他教师根据这些已有的资源合理地组织自己的专题教学。

（6）共生备课有助于传承经验智慧。

毋庸置疑，基于共生备课平台的备课模式，在很大程度上不同于传统备课，它可以将不同年龄、不同类型、不同经验的教师集中在一起，各抒己见，张扬个性；可以让新入职教师快速融入教学常规，让青年教师找到身边的学习榜样，让经验型教师不断辐射引领，让专家型教师成为旗帜标杆；还可以真正促进教研组的集体备课、跨组备课以及经验传承。

（7）共生备课有助于提升科研质量。

科研的根本在于积累，在于日常的行动研究，在于对教学点滴的所思所悟。如果不对这些资料进行系统梳理，就会给科研带来极大的影响。共生备课过程丰富、数据清晰、材料完备，可以有效助推教师们将教学的点滴记录下来，从而提升科研质量。

除了以上各点外，共生备课还可以助推"生本作业"的实施、个性化的辅导、差异化的教学，促进跨校联合备课，激活师生灵动课堂，助力混合式教学，构建组室备课文化，形成备课组共同体等。

我们也必须反思，教师在实操过程中容易因为技术难度大、精力不足、思想懈怠等降低共生备课质量，但是只要大家在操作、在行动，就是一种进步。我们通过营造这样的氛围和文化，慢慢地积累和沉淀，将不适宜的材料删减，留下真正优质的备课内容，供大家共建、共生、共享、共赢。

"共生备课"在教学实践中的应用与思考

在期中复习、期末复习阶段,教师们往往会到档案室借阅往年的试卷进行复印,但是往往因为试卷已经借阅给他人或其他种种原因而导致无法及时复印,影响复习计划。基于共生备课,教师们可以将试卷制作成 PDF 文件,并把它们分享在共生备课平台里。有的教师分享的是区级试卷,有的分享的是校本作业练习卷,有的分享的是专项复习卷,有的分享的是导学单等。这样的方式,有效促进了资源统整和收集整理。教师在每次备课组会议时只需要提前进入页面查看当前课时已有的资料,进行选编、改编或创编,这样可以大大减少收集资料、核对资料、审查资料的时间,把更多的时间用来进行精准备课和个性化辅导,而且这些资料都是教师日常用过的好用、愿用的资源。

例如,在数学教学过程中,要培养学生的数学思维等,就需要借助习题,针对同一问题,尽可能鼓励学生超越常规,从不同的角度入手,寻找不同的解题途径,促进知识、方法的融会贯通,活跃学生思维,激发创造性;引导学生多方面、多角度、多渠道思考问题,让学生多探讨、多争论,有效训练学生思维的完备性、深刻性。这些都非常符合脑科学原理。

我们数学教研组教师通过梳理、整合,把学生的一些解法案例进行反思重建,分享在共生备课平台,供更多教师形成跨年级教学架构,引导教师从单一的"教知识"向纵深的"育素养"不断提升。

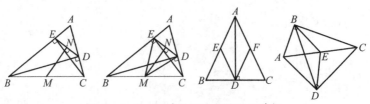

图 2-7-1 数学几何变式练习题举例

图2-7-1呈现的变式由简至繁，引出多种解题方法，例如当两个直角三角形共用一条斜边时，作出它们斜边上的中线即可以得到两条相等的线段，进而得到一个等腰三角形，这样就可以利用等腰三角形的相关知识来解决问题，构建基本图形，在题型变化中寻找规律，挖掘内涵。

吴泾中学初二年级数学备课组基于学情，开发各类压轴题微课，目的就是要在学生的最近发展区内引导学生思考，提升学习兴趣，提高学生自信，减轻学生心理负担，为学生主动发展、健康成长提供"绿色生态"，让学生在学中乐、在乐中学。

通过搜题、审题、校对、改编、精编、设计、录制等环节，课程资源不断丰富，从原有的纸质讲义、文稿，发展到更适合学生学习的微视频讲解，学生获得知识的渠道也由课内延伸到了课外。

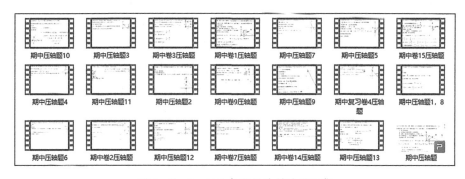

图2-7-2 初二备课组录制的微课集

经过不断修正和完善，初二数学备课组得出结论：向特定学生推送压轴题微课，更容易让这些学生根据自己的"最近发展区"选择合适的学习资源。同时，这一双向选择过程，可以有效促进学生的个性发展。随着时间迁移，新一届初二年级教师沿用了去年初二年级的压轴题微课，并在此基础上利用各种软件开始设计更多新的微课。这样的模式既传承了前者的经验，也启发了后者的智慧，这种共生备课的模式不仅能促进智慧凝结，更能激起智慧涟漪。

教师只有在备课时善于分享经验和案例，才能够用思维激活思维，让备课真正活起来。通过共生备课平台，教师零散的思维可以串联起来，像串珍珠一样形成一件精致的艺术品，这就是共生备课的价值和它在学科教学中的重要功能。

共生备课看起来似乎只是一个简单的资源平台,但它的价值不仅仅在于资源共建共享,它还具有极其重要的经验传承作用。教师经常会遇到以下状况:新入职的教师课堂教学不知从何入手,几年内新教师经常手写教案却不得精髓,经验型教师的资料经常遗失而导致重复备课,退休教师的资料随着退休"毫无保留",师徒带教工作很难深入推进,师徒带教没有足够时间去深入研究……这一系列问题都引发了我们的思考,无论是新教师、青年教师还是经验型教师,备课是永远避不开的话题。

全校教师根据课时目录进行共生备课,而备课不仅要备教材,还要备学生、备方法、备工具、备作业、备练习、备辅导、备评价等,网上有五备、六备等说法,但其根本就是"以学生为中心",一切教学活动和行为都是为了尊重学生认知发展规律,通过科学应用资源和活动来促进学生的心智发展。

教师可以在平台里分享校本作业、课件讲义、习题试卷等重要教学资源,也可以分享课堂板书、教育随笔、教辅练习等,从而方便研究组教师进行集体备课、资源共建共享、个性化备课。同时,教师也可以把这些资源展示给学生,供学生课前即时调用资源、课中分享生成资源、课后回顾板书笔记等,有助于师生更好地开展教学活动。这样的共生备课模式,把原本需要线下集中研讨的工作,用线上碎片化分享的方式替代,既保留了线下交流研讨的模式,也利用好了线上共建共享的优势,使得集体备课无时不在、无处不在,只要我们想到了,就可以进行备课,把自己的备课思想和教学资源共享在平台里,无形中促进了集体备课氛围的形成。

这些校本资源的应用使备课真正符合教师需求,而不是冗余或无用资源的堆积。分享到平台里的资源,都是经过教师使用、实践、优化过的真正可用的资源。这些资源减少了教师网上搜索和筛选的工作量,把教师使用后的所思所得直接呈现出来,以便于教师更好地基于校情学情开展精准备课,从而减负增效。

通过共生备课,组内教师可以将自己的教学设计、课件讲义、课后练习、典型作业、学生错误等分享在平台里,通过不同年级不同教师的滚动式叠加,各自提出教学观点和建议,像搭积木一般,横向积累课时内容,纵向拓展思维深度。共生备课的过程既可以激发青年教师利用共生备课进行自我研究的意识,给予青年教师更多独立发展和个性培养的机会,也能为带教教师减负增效。带教教师和其他教师的点滴资源,也成为助推青年教师成长的重要素材。对于新教师来说,通过网络平台搜索到大量的资源后,选择无疑是最痛苦的工作之一。新教师应该从模仿走向产生共性,最终达到个性成长目标。骨干教师和退休教师而言将他们认为在课堂教学中最重要的板书、练习、课堂生成等共享在平台里,便可以把他们的教学思想、教育理念、教学风格都保留下来,对教师个人、队伍建设、学校发展而言,意义深远。

　　基于共生备课平台的不断建构和重组,备课组逐步形成了"学习—研讨—实践—改进—再实践—课题研究"的常态教学研究模式。在备课组合作中,教师相互学习、相互倾听、相互建议,发挥了"1+1＞2"的效能。每位教师扎扎实实地在教学实践中提升自己,最终的受益者就是我们的学生,如此既减负又增效。

"共生备课"助推高效混合式教学

在特殊时期、特殊阶段，我们层层培训，进行专题学习，为打赢"O2O 教学攻坚战"做好充分准备，其间汇聚了多位教师的教学智慧。

本案例从多个角度、多个场景描述了吴泾中学教师在日常利用线上线下混合式教学过程中的所思所研，为线上指导与线下教学工作开展及共生备课研究提供了丰富参考。

（1）开启"云备课"，助力"云课堂"。

全校师生基于共生备课模式，根据教材内容设计课时目录，规划教学进度，共享优质教学资源，保证在线课程不脱离实际，能够始终立足教材本位。同时，这些资源也可以分享给学生，课中分享生成资源，有助于师生更好地进行共生式备课和云端辅导，使得教学忙而不乱，平稳有序，高效推进。

（2）编制"云微课"，师生"云指导"。

教师根据教学需求录制了大量微课资源，将它们分享到学习群中，供学生进行个性化学习。部分学科教师还邀请学生制作自主学习使用的微课，通过这样的方式既减少了学生利用平板电脑等设备去借机娱乐的时间，也提升了孩子搜索资源、整理资源、制作课件、录制微课的信息技术能力，更成为共生备课的个性化资源之一。

这种方法在混合式教学实践中起着至关重要的作用，它远比教师现场直播更有价值和效果，因为它具有碎片化、个性化和即时性，能够促进学生的有效输出与主动建构。

教师利用线上直播讲解的方法时，很可能会遇到网络卡顿、书写不流畅、师生交互慢等问题。通过录制好的微课，教师可以在后期编辑时剪切掉不必要的用语和噪声环节，带给学生清爽干净的解题过程，同时也能在播放微课时确保学生学习质量。

（3）基于"云情境"，培养"云素养"。

混合式教学为教师的教学设计和活动推进带来了些许困扰，常态的情境创设与指导工作可能无法顺利推进，但这阻挠不了师生们的教学热情，且"乐和课堂"在混合式教学中也能得到有力推进。

教师们各显神通，利用多种方式创设情境并组织有趣味性的教学活动，同时把这些素材进行截屏、录屏，在教学设计里进行优化并上传到备课组群里，供本备课组教师交流学习，促进线上集体备课。

劳技教师的操作直播、美术教师的数字绘画、音乐教师的平板弹奏、体育教师的趣味运动、数学教师的数学故事、语文教师的配乐朗诵、理化教师的模拟实验、生命科学教师的 AR 心脏、地理教师的立体地图、信息教师的动画游戏等，都为学生提供了有趣、有效、有用的教学情境，激发了学生的求知欲，培养了学生的学科核心素养。

教师分享多种趣味情境，使原本时间紧张、节奏紧凑、任务紧迫的教学变得更加轻松自如，师生交互变得更加亲切自然，教学质量也得到了保证与提升。

"共生微课"激起教学涟漪

　　微课是指运用信息技术,按照认知规律,呈现碎片化学习内容、过程及扩展素材的结构化数字资源。

　　微课的核心组成内容是课堂教学视频(课例片段),同时还包含与该教学主题相关的教学设计、素材课件、教学反思、练习测试及学生反馈、教师点评等辅助性教学资源,它们以一定的组织关系和呈现方式共同"营造"了一个半结构化、主题式的单元应用"小环境"。

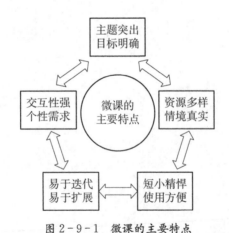

图 2-9-1　微课的主要特点

　　因此,微课具有主题突出、资源多样、使用方便、易于迭代、交互性强等特点,适合教师线上线下等多种场景下的日常教学需求,它也成为我们课堂教学改进过程中的一个主要手段,用来促进师生交互,提升课堂趣味。

　　微课既有别于传统单一资源类型的教学课例、教学课件、教学设计、教学反思等教学资源,又是在其基础上继承和发展起来的一种新型教学资源。微课只讲授一两个知识点,没有复杂的课程体系,也没有众多的教学目标与教学对象,看似没有系统性和全面性,许多人称其为"碎片化"。但是微课主要针对特定的目标人群,传递特定的知识内容。一个微课自身需要系统性,一组微课所表达的知识需要全面性。正是因为微课具有目标明确、情境真实、短小精悍、用途广泛、易于拓展、易于交互等特点,所以被很多教师用来作为课堂教学的导入或辅助资源。

但在日常教学中,我们经常会发现教师们在使用微课时,出现无法正常打开、只有视频没有声音、声音与视频不同步、视频卡顿不流畅等现象,影响了课堂教学的有效推进,甚至给师生教学带来很多尴尬的瞬间。

细细研究可知,这里面既有硬件设备的性能问题,也有视频像素的大小问题,还有教室白板的功能问题以及播放软件的兼容问题等,但这些技术无疑给教师增加了不少负担,让教师望而生畏,不敢随意往课件里引用微课或微视频,导致课堂教学的趣味性、资源的多样性、师生的交互性就少了很多。

为了使教学更充分地刺激学生的"情绪脑"和"本能脑",引导学生从感性走向理性,从形象走向抽象,使数学中的公式应用、物理化学中的实验现象变得更加具象化,更易于理解,我们启动了共生微课项目,搭建了共生微课平台。

教师从网上下载或原创设计大量的微视频资源,将它们转换为指定的MP4格式,然后结合共生备课的课时目录,按照相应的类别分享到平台中。教师既可以在教室白板调用微视频播放,也可以把网页分享给学生终端,供学生进行个性化学习。

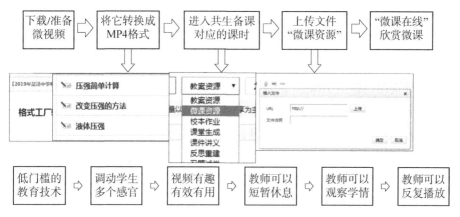

图 2-9-2 利用"共生微课"分享微课资源

这种共生微课的优势在于，降低了原本的微课设计与应用门槛，不需要把视频嵌入到课件中，既不会增加课件的容量，也不会受到 PPT 版本的限制，因此不会出现视频解码失败、只有声音没有视频等尴尬现象；它可以让微视频播放变得更加简单、易于操作，因此也不会影响课堂教学效果，反倒会为课堂加分。

此外，微课按照共生备课的课时自动匹配，教师可以根据需要直接切换到前一节或后一节课中，或根据需要调用该单元的其他微课，方便教师在单元设计的概念下解析微视频的价值，建立单元知识整体架构，更好地推进共生备课。而在传统的 PPT 播放中，是不可能随意调取前后课时微视频来开展教学的，可见这是非常重要的技术创新与应用研究。

为了有效推进"空中课堂"的应用与实践研究，各备课组还加入了空中课堂视频，并分享到学校微课平台。这些优质的空中课堂资源，为教师高质量备课提供了便捷和保障，无论对线上教学还是线下教学，都起着非常重要的作用。

基于"空中课堂"微课资源的教学模式迭代，我们发展出了从 1.0 版本至 3.0 版本的教学建议。

"1.0 版本"主要以"20＋20"的双师模式开展教学，即学生先观看空中课堂直播视频，做好相关笔记与问题思考，教师再进行精讲点拨和答疑解惑。

"2.0 版本"主要以"切片＋贴片"的模式开展教学，教师给学生播放空中课堂，并根据需要进行暂停、提问、投票、交互等。此模式的优点在于能够在概念解析、问题引导、练习指导方面有更多的自主空间，帮助教师更好地进行交互，及时发现并解决问题。

"3.0 版本"主要以"个性化＋差异化"为原则开展教学。教师对空中课堂视频进行剪切，同时搭配自主设计的微视频、家庭实验、模拟实验、动画微课、在线练习等资源，将"空中课堂"的教学设计思路和视频资源转化为真正符合自己教学需求的校本资源，不仅可以保证学生的有效交互，提升师生教学效率和质量，更能促进教师专业能力全面提升。

因此，基于教学需求，教师将空中课堂视频、教学课件、动画视频、校本作业等分享在平台中，并按照教材内容和课时目录进行分类和匹配。这对教师的单元设计能力、整体架构思维、教学活动设计等有很大帮助。此外，还可以帮助学生更快更好地获取符合校情学情的优质资源，而不是那些没有筛选而且杂乱无章的网络资源，经过共生备课的资源将更具针对性、结构化、系列化。

无论是线上教学还是线下教学，无论是教室集中学习还是居家自主学习，共生微课都产生了积极的助推效果，它既帮助教师更好地教，也辅助学生更好地学，更可以拓展时间空间，跨越物理空间障碍，让学生清晰明白别人对某一知识点有怎样的观点和思考。这样既拓宽了学生视野，也丰富了教师的教学资源。教师和学生在这种真实的、具体的、典型案例化的教与学情景中可以实现"隐性知识""默会知识"等高阶思维能力的教授与学习，并实现教学观念、技能、风格的模仿、迁移和提升，从而迅速提升教师的课堂教学水平，促进教师专业成长，提高学生学业水平。它还推动教师教学研究，丰富教师教育实践，解决教师实践中的问题，促使教师在研究实践中不断学习、思考、分析，并有所启发和创新，这对于教师自身的成长是有益的。

"共生听课"促进教学反思改进

《静悄悄的革命》一书中讲道:事实上,想要因为一次演讲而使得学校或者授课有所改变的,还从来没有过。要改变一所学校,需要不断开展校内教研活动,让教师敞开教室的大门,进行相互评论,除此以外别无他法。

改变学校的第一步就是在校内建立所有教师一年一次的、在同事面前上公开课的"合作性同事"关系与听评课机制。只有这样,教室的墙壁、学科之间的隔阂才会被打破,才能真正建立"校本教研共同体"。

听课作为学校教学工作的重要项目之一,可以促进教师专业发展和学校课程建设,具有评估教学、促进科研、落实项目、传递智慧等重要意义。

听课有利于促进教师专业化发展。教师在课堂教学中往往意识不到自己的教学行为实效问题,听课不但可以学习到他人经验,吸取失败教训,用别人的方法指导自身教学,还可以对自身教学进行反思研究,将一些听课得到的感性认识归纳为理性认识,相互交流,取长补短,提高教学水平,促进专业发展。

听课有利于促进教师特别是青年教师的提高和成长。教师要想适应新课程的要求,就需要进行培训和学习,而最有效、最直接、最经济的学习方式就是听课。听课有利于学校良好教学风气的形成,从而促进教学改革深入有效进行。值得注意的是,不同学校有各自的实际情况,即使在同一学校,教师的能力、风格、专长、实践经验等也有很大差异。

教师之间、学校之间、管理人员及研究人员之间、学校及教师之间、优秀教师与普通教师之间,通过听课可以相互学习,共同提高,融洽人际关系,增进相互信任,加强集体协作,营造教研氛围,促进教学改革的深入和教学质量的提升。

但是我们发现在日常教学工作中,教师听课往往是为了"完成任务",上交的听课记录也经常是为了应付而已,仅是使用听课记录本,并通过手写文字的形式进行记录,无法记录图像、视频、场景等;还有的教师专注于听课,忘记写或没带听课本无法写,后面想补写可是又记不住重要的环节和场景,所以就随便写一写。如此一来,听课记录本的使用价值无法被充分地发挥出来,这便失去了听课原本所具有的重要意义。

为了帮助教师更好地保留听课材料和数据,发挥听课笔记的价值,并在后期根据教学需要回看资料反思教学,我们设计了听课小程序。

教师通过小程序登录,进入听课信息页面后,点击"添加听课",就可以输入相关信息。同时,需要上传至少两张图片,一张是现场听课图片,另一张是听课笔记图片,也可以用电子稿形式上传或直接将纸质表格拍照上传到小程序中,方便后期进行研讨、撰写案例、深入研改等。

图2-10-1 听课小程序的"添加听课"功能界面

这样才可以真正深化内涵发展,提升专业品质,推进课堂教学改进,促进教师专业发展。在听课记录与评价时,我们也引导教师们关注"三三四"原则,即以学定教、以学定练、以学定评,目标分层、作业分阶、评价分级,项目学习(单元设计)、量化考评、校本作业、教育技术方面是否有所体现? 教学活动是否高效? 师生互动是否全面? 师生关系是否融洽? 教学氛围是否轻松? 教学效果是否达成? 是否存在具有研究价值或意义的典型场景,即"闪光点"和"不足点",特别是同课异构、班级差异化、学生个性化教学等方面的对比研究等?

此外,为了做好听课考评工作,我们的平台还设计了统计展示功能。通过选择学期与姓名,自动统计教师在某学期听课的数据,教研组长得以进行核查,

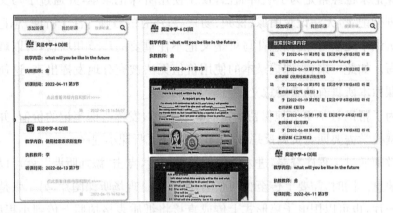

图 2-10-2　听课小程序的查看听课界面效果图

教导处得以进行抽查。

　　教师通过共生听课，可以更好地记录听课资料、教学场景，帮助自己在今后的教学过程中快速回忆，加深印象，学用结合。技术赋能的听课记录平台可以促进教师的反思改进，提升自我教学能力，优化教师队伍的专业水平。

"共生课题"引领教学改进研究

以研促教,以教助研。科研是教学的"源头活水",如果没有科研做支撑,课堂教学改进就会失去"灵魂"和"依据",教师的专业发展也将步入瓶颈。

著名科学家钱伟长曾指出:"教学没有科研做底蕴,就是一种没有观点的教育。"具有较高科研水平的教师,必然对教学内容的思考更为深刻透彻,对知识的把握更为准确。而且,重视科研能够使教师及时将最前沿的学术成果不断充实到自己的课堂中,弥补原有课程知识与最新研究之间的"断层",科研对教学的促进不局限于教学内容,学术型教师对于学生影响更多的是他们思考问题的方式、严谨的科研态度和刻苦的学习精神。

但现在的很多教师不愿意做课题,觉得研究课题非常复杂,即使有做课题的想法,也没有实际的做法和路径,他们会在做课题的过程中产生畏难心理而不是迎难而上,只有到了评职称、评荣誉时才想到课题的重要性,同时在教育科研过程中缺少团队精神,经常单兵作战,缺乏专业指导,成效少信心低,所以最后就望而却步,不了了之。这种为了评职称所做的课题,无疑使课题研究产生了价值扭曲。

我们发现课题研究对工作者、学习者的作用非常明显,是其他形式无可替代的。我们必须重视科研对教育的促进作用,坚持以科研引领为主轴,坚持科研与教学实践深度融合,坚持以人为本的教育理念,从而通过课程教学落实立德树人、五育并举,培养新时代中国特色社会主义事业的建设者和接班人。课题研究主要有以下作用。

深度涵养兴趣。每个人要做好或学会所在行业的工作或专业学科,都必须对自己面对的工作、学习有强大的兴趣;课题研究就能发现、涵养自己的兴趣,能够彰显自己的个性,并渗入终身的工作学习中。

实现专业化发展。在全球经济一体化背景下,每个行业都强调专业化的发展。教师要想得到专业化发展,课题研究就是教师实现其发展目标的一条有效路径。

紧跟时代步伐。在当今社会,要使自己不被时代淘汰,唯一的办法就是学习、学习、再学习。而要保持自己旺盛的学习动力,保证自己较高的学习效率,课题研究是重要的法门之一。

保持旺盛学力。思想视野、思考能力往往决定着一个人的工作效率、事业成败,课题研究强调将理论思想与工作实际相结合,强调独立思考寻求解决问题的方略,因此课题研究对提高教师学力的作用也很明显。

提高实践能力。课题研究可以使教师始终保持创新实践意识和水平,教师在进行课题研究过程中不断学习,提升自我,既提高了创新实践能力,也提升了学科专业水平,特别是在当今快速发展的社会背景下,创新实践能力对教师来说是巨大的挑战,也是教师专业发展迈不过去的坎。

迈向学术前沿。长期做课题研究的人,自然能够感触最新理论思想的启迪,能够感受科技前沿曙光的魅力。我们触摸所属领域的学术前沿,自然很容易保持自己在专业发展中的领先地位。

因此,坚持并强化以科研为主的教师承担教学任务的制度,可有效提高课堂教学的效率和质量,提升教师队伍的科研能力和整体水平,促进教师的专业发展与科学评价。

为了助推吴泾中学各类课题研究及教学改进,引导教师树立"问题就是课题,反思就是研究"的教育科研理念,我们依据"小步子、低台阶、稳节奏、求实效"的原则,从教育教学中的小现象、小问题、小策略入手,通过小课题研究的形式,引导教师开展教学改进行动研究。此外,我们激励各备课组每学年至少启动一项"校级课题",备课组成员协作进行课堂教学研究实践并撰写课题成果。

每学年结束前,我们将进行校级课题评审,获得校级优秀的课题将被推荐参加区级小课题、区青年课题、区大课题的立项,不断推动教师向着更高更优的平台发展,不断促进教师的科研能力和专业发展。同时,我们会将这些评价和资料纳入数字化教学平台,根据参与成员、奖项等进行不同的赋分和奖励。

图 2-11-1 校级课题评审过程

我们设计了"乐和校级课题"评价表,该评价表参考区级小课题评审指标,结合我校课题研究的考核重点,关注研究过程、研究价值、发展目标等方面,以此观察教研组、备课组以及教师在课堂教学改进中的实践成效和理论成果。

以备课组为基本单位,组织构建研究团队开展研究,备课组长原则上就是课题负责人,教师个人也可以单独申报校级课题。教师立足自己的教学实际,观察并发现教育教学现象中存在的问题,在常规教学活动中通过理论学习和实践研讨解决问题,提炼形成教学策略,实现教学质量的提升。校级课题研究既可以切实解决课堂教学中的实际问题,从机制上保证教研活动课题化,有效落实校本教研,促进组室建设,又可以提高教师将科研与教学有机整合的能力,促进教师专业发展,破解学校课堂教学改进难题。

表 2-11-1 "乐和校级课题"评价表

"乐和校级课题"评价表				
课题名称				
一级指标	二级指标	评价标准	参考	小计
文本格式 10分	标题	黑体 三号 加粗	2分	
	正文	仿宋 四号	2分	
	一级标题	楷体 四号 加粗	2分	
	参考文献	小四号 宋体 格式规范	2分	
	页边距	"普通"上下2.54/左右3.18,全文1.5行距	2分	
报告规范 10分	标题	标题醒目,富有创意,主题突出,观点明确	2分	
	摘要	描述清晰,观点创新,关键词3—5个且设置合理	2分	
	正文	紧绕主题,理论清晰,案例不少于3个	2分	
	总结	总结清晰,观点明确,成效科学,反思有针对性	2分	
	参考文献	格式规范,引用规范,符合研究报告撰写需要	2分	
目标达成 10分	吻合度	研究报告与研究目标高度吻合,文章内容详尽	5分	
	达成度	研究报告清晰详细表述了研究目标、达成情况等信息,有效反映研究目标,数据清晰,证据充分	5分	

一级指标	二级指标	评价标准	参考	小计
研究过程 40分	研究方法	研究方法合理、适切,能够有效体现辅助研究,例如:调查、观察、实验、行动、个案法等	5分	
	理论依据	理论依据科学,运用适切,符合教育发展规律,对教育教学理论、相关人物、主要观点描述清楚	5分	
	研究过程	研究步骤清晰、完整、严谨,包括发现问题、设计方案、实践研究、成效反思、经验总结等	10分	
	案例资料	包含至少3个案例,且案例真实生动有意义	10分	
	证据导向	图文搭配,语义明确,图表或表格数据清晰,证据充分	10分	
研究价值 20分	理论价值	研究结论明确,提出有价值的观点或实践经验	5分	
	应用价值	研究结论在区域教学变革中具有较好的应用价值	5分	
	符合发展	研究结论具有明确价值取向且符合教育发展规律	5分	
	创新引领	研究结论具有创新性,易实践,可辐射,能引领	5分	
发展应用 10分	符合校本	本研究紧密结合学校"乐和课题"目标发展需要,案例中充分体现"乐和课堂教学改进"的相关原则或要素	5分	
	区域发展	符合相关教育改革方向和发展需要	5分	

　　近两年来,吴泾中学各备课组完成校级课题百余项,区级大小课题30余个,区级智慧教育课题若干,获得区级大课题一、二等奖多次,区级小课题一、二等奖多次,区级智慧教育课题一、二等奖多次,学校立项的区级重点课题也获得良好评价。

　　教育科学研究是教育事业的重要组成部分,对教育改革发展具有重要的支撑、驱动和引领作用。进入新时代,加快推进教育现代化,建设教育强国,办好人民满意的教育,迫切需要教育科研更好地探索规律、破解难题、引领创新。我们要坚持正确方向,服务实践需求,激发创新活力,弘扬优良学风,继续深度推进科研,引领教学变革,促进教师专业发展。

从被动学习到主动学习

子曰:"三人行,必有我师焉。择其善者而从之,其不善者而改之。"

孔子不仅是在强调虚心学习,更是在强调同伴协作。所谓"改之",就是辅导教育、为人师表、自我精进,就是"传道、授业、解惑"。在《师说》中,韩愈强调:"人非生而知之者,孰能无惑?""古之学者必有师。"进而告知后人:"是故弟子不必不如师,师不必贤于弟子,闻道有先后,术业有专攻,如是而已。"

然而长期以来,我们忽略了辅导的力量。其实,最善于学习的人,是那些愿意教会别人、乐于辅导别人的人,尤其是在这个充满知识的时代。所以,乐和课堂教学改进研究所谓的"辅导",不仅仅是教师对学生的辅导,还有学生对学生的辅导。教师可以是站着的学生,学生也可以是坐着的教师,这是师生交互、生生交互、教学相长的过程,也是学生"内生增长"的着力点,在交流分享、辅导他人的过程中,学生的"内生"实现"增长",最终达到"成长"。

辅导就是把学生看起来很多、很难、很杂的内容进行压缩、分解、归纳,使之有条理地呈现在学生面前。教材上内容太多,把要点在书上标出来,把整章或几章的内容用提纲列出来,思路就会清晰很多;把综合的大题、难题分成几个小的部分或先找几个相关的小题练熟,再去做就会容易得多;把详细的过程一步一步演示出来,相当于分解动作,思路会更清晰;把很多知识点按照内在的联系重新整合在一起,类似于把字母写成单词、句子、文章,好记且不会忘。

课堂上教师讲得多,学生练得少,基本上是一种灌输的方式,即使是多媒体教学也没能改变这一点。家庭作业的效果也并不见好,以应付为主,所以辅导

主要是精讲精练，让学生不断强化练习，熟能生巧。教师应该帮助学生养成好的习惯，例如学会如何标画、如何读题、如何归类、如何简化、如何检查、如何输出等，而不仅仅只是辅导其知识，没有解决学生的方法问题、态度问题、思路问题，辅导也会低效。

辅导更重要的是鼓励和认可，所以一定要保证学生能听懂、能做对，再要求做快、做难。在这一过程中，对学生的进步一定要给予肯定和鼓励，当然要留有余地，就像打游戏过关，这一关还可以再快一点，或是下一关要挑战难一点等。对学生进行学习自信心的培养，尊重学生的最近发展区，鼓励孩子不断跳出舒适区，挑战自己的拉伸区，从而达到更高的困难区，这才是辅导的价值和目的。

当学生在赏识与支持的前提下不断进步时，其自尊心、自信心将得以激发。这样便能让孩子体验到成功，重塑孩子的自信。但要注意，在辅导孩子的过程中，表扬孩子本身是没有错的，但不能一味表扬其聪明或机灵，应表扬孩子的某种行为或者努力的态度，这就是从"零级反馈"到"二级反馈"的根本原则。只有懂得在辅导过程中给予学生正向反馈、二级反馈，才能让辅导产生其应有的价值。

乐和课堂教学改进很类似于"五星教学法"的推进策略。戴维·梅里尔教授广泛研究了全世界11个最具代表性的教学框架，总结出了"五星教学法"。

而吴泾中学的"起—承—转—合—生"教学模式与其有着颇多的相似之处、共通之处，我们借鉴"五星教学法"，融合"起—承—转—合—生"校本化实施，实现了如图3-1所示的模式效果。

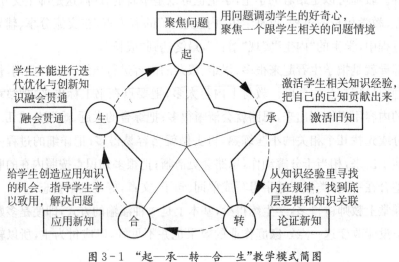

图3-1 "起—承—转—合—生"教学模式简图

仔细研究五星教学法,会发现它的每一个步骤都有典型的学生参与的心理动力支撑,所以它与人类的认知规律高度契合。五星教学法能够恰如其分地解决学生每一步高能参与的心理动力问题,能够保证学生的大脑在上课的过程中处在一个较高的激活水平,能够保证学生在这样一个积极参与的状态下让教学顺畅地进行。

首先,以现实问题为抓手,抓住学生的好奇心,激发学生的本能脑与情绪脑,这与我们所提出的"起—承—转—合—生"模式中的"起"有着异曲同工之妙。

其次,充分激活学生的旧知和经验,尝试用它们来解决问题。在这个过程中,教师需要精讲点拨、适当引导、铺垫情境、搭建台阶、引出旧知、融合新知等,正是这样的过程,体现了"承"的价值所在。

再次,把学生贡献的旧知与经验碎片进行融合,升华成结构化的知识。在此过程中,对于初中生而言,他们的新旧知识融合需要进行思维碰撞、讨论交流、表演输出、认知迭代等过程,需要从个体到集体的协作、从单一知识到多维知识的融合、从知识技能到思维方法的进阶,这便是"转"的意义。

最后,带领学生对知识进行进一步的升华和拓展,鼓励学生用总结升华的知识解决其他现实问题,这就是"合"与"生"的目标。这样就真的把学习改造为始于群策群力的、对真实问题的探索,把个体的思考与观点融合升华为结构化的知识,终于知识的应用和拓展提升,这也是"以终为始"的乐和课堂教学改进研究所追求的目标。

从"被动学习"到"主动学习"的乐和课堂改进研究

"开车的人容易记住路,坐车的人经常忘记路。""不用导航的人容易记住路,用导航的人经常忘记路。"你是否能发现生活当中这些有趣的现象?其实它反映了"教与学"的核心思想,即"在做中学,在悟中学"。

试想,以下几种场景,哪一个更能让您深度学习并领悟相关内容呢?

A. 坐在会场听讲座但没有其他任务;

B. 提前被告知要随机抽人回答问题;

C. 提前被点名要您评价会议内容;

D. 提前请您为大家做一个简要交流;

E. 提前邀请您为大家做专题讲座;

......

比如你要去国外或其他省市出差,单位安排你去学习观摩,你肯定会想:"太好了! 难得出去一次,一定要借此玩个痛快!"

但是如果领导说:"回来以后,给全体教师做个一小时左右的学习汇报吧!"这样的话,恐怕你就没空只想着玩儿了吧。你一定会拍摄各种精彩的场景、画面,录制各种有意义的片段和情境,深入观摩学校的课堂教学,对比彼此的差异和闪光点,有可能还要认真地做采访、记录或谈话等。正是因为以"做汇报"为前提,所以你才会改变此趟行程的情感目标和行动目标,而在这个过程中你将产生更多的感情与思考,也会有更加精彩的输出与分享。

在课堂上,老师们喜欢播放微视频来调起学生的学习兴趣。但是有的老师会在学生观看完以后才提问,此时学生的大脑短时工作记忆信息过多,且观看主题不明确,所以学生就看了个热闹,经常答非所问或者描述的信息模糊。而有的老师则会先设问再播放,或者把问题呈现在视频上方,学生便可以一直带着问题观看视频,以此促进学生的主动建构和有意注意。

这样的行为在生活中比比皆是,其实正对应了我们学习知识的两大阶段,即从被动学习到主动学习。

被动学习就是听讲、阅读,通过听觉、视觉等被动地去吸收知识。

主动学习就是积极地参与讨论,把理论性的东西用实践去论证,并且把获得的论证出来的结果传授给他人。学习只有从被动学习进入主动学习,才是真正有效的学习。

对比前面所述的五星教学法以及我们一直在实践的"起—承—转—合—生"教学模式,我们可以清晰地意识到输出的重要性,以输出为前提进行输入,能使学生记住更多重要且有价值的内容。

在孩子的成长过程中,学习是非常重要的一部分。然而,有些孩子在学习中表现得比较被动,没有自我驱动力和学习热情,这就需要家长和教师采取措施,帮助他们从被动学习转向主动学习。

第一阶段:被动学习。这一阶段也叫输入阶段,包括听讲、阅读,主要是用眼睛看和用耳朵听,当然还包括用身体去模仿、体会和感知。从外在的声音、文字、图像这些信息,得出我们自己内在的想法。在我们的常态课堂里,经常容易感受到教师的"一言堂",学生乖乖坐好,跟着教师的节奏亦步亦趋。而教师则容易陷入"自我对话"状态,即背台词一般把教学设计按环节倒腾出来,还不太愿意与学生进行互动。因为教师心里没底,怕学生挑战或者挑刺,怕学生提出的问题不在自己的备课范围以内。越是没有底气与学生互动,课堂就越显得呆板,缺乏灵动感,学生的大脑就难被激活,而教师的教学也始终待在舒适区里得不到提升。

真正的学习获得,是我们在学习后所讲的与对方所讲的互相关联。在输入的同时,转换成自己的语言进行总结概括。教学要有效果,就必须从激活课堂开始着手,只有激活学生的大脑,激活教师的热情,激活空间育人的意义,激活教学内容的价值,激活师生交互的氛围等,才能实现有效教学,促进主动学习。

第二阶段:主动学习。人的大脑是善于记住那些"使用过的信息",容易忘记"未曾用的信息",而"使用信息"本身就是一种"输出",这也和前面所述"用来的、创来的"知识获取源相吻合。

无论跟着教师上课还是自己看书都只是输入,输出才是我们学习的目的,输出才能使我们真正成长。把自己学到的教给别人,便是最好的学习方法

之一。

所以第二阶段也叫输出阶段,包括对知识进行讨论、实践、展示和教授。为什么一个人在读书时,即使画出重点也可能没有领悟文字背后的真意?为什么在集体读书过程中感悟更多呢?我们看到很多研究型的教师,常年边教学边从事研究学习,日积月累不断输出,最后成为专家学者,"以教代学"可以帮助从被动学习走向主动学习。

维果茨基认为,人类和动物有区别的所有高级机能都是社会化协作的产物,正是社会化活动促进了人和动物不同的高级机能的发展。语言是沟通的工具,更是思维的工具,人们是用自我对话的方式思考的。

通过输出,对我们已经输入的知识进行提炼,可以迅速找到底层逻辑,简化记忆内容,减少大量记忆导致的畏难心理。基于教材和问题,引导学生反复表达,直到学生可以用基本的术语清晰简明地解释思路,这便是学生学习开始升级之时。

只有充分地把握"学习阶段",有层次、有逻辑地开展学习,才能以最短时间、最快速度、最佳效益实现教学相长。如果教师希望学生真正理解某件事情,就必须请他们把知识转化为自己的语言,真正的课堂应该是信息和情感的流动,营造一个好的对话氛围远比讲知识更重要。

在我们的乐和课堂里,教师应减少批评教育的时间,减少自己唱独角戏的时间,减少重复强调、碎碎念的时间,减少冗余修饰的时间。把更多的时间留给学生小组协作、结对辅导、面批追问、合作探究、讨论输出等环节,这样的策略不仅让教师更轻松,更让不同层次的学生大量输出,让"学优生"得到更好的理解,让"学困生"得到更多的帮助。这样的策略可以让原本吃不了的学生吃得了,让原本吃不饱的学生吃得饱,让原本吃得饱的学生吃得好,让原本吃得好的学生吃得巧,从而真正实现以学定教、以学定练、以学定评、以教促学、因材施教等。

从“学习金字塔”到“费曼学习法”的乐和课堂改进研究

不难发现，即使教师能够意识到师生交互立场转变的重要性，但凡没有真实地敞开胸襟、开放课堂、走近学生、融入技术，常态课堂依然存在“拔苗不分秧（急功近利）、漫灌不通渠（全面同质）、摊饼不控火（情感失控）、防沙不种树（视而不见）”等问题，所以“我说了算（一言堂）、做给我看（一刀切）、就这样念（照本宣科）、这都怪你（怨怼学生）”等现象就容易产生，长此以往便导致师生教学趣味少、课堂互动少、技术应用少、学生参与少、教学效果少、内生增长慢等问题。

这样的课堂很难有效提升教学质量，学生的内生学习动机和能力也不能得以激发，便无法通过班级教学活动激励自己在知识技能、思维方法、情感态度等方面的内生增长。更何况当今社会的“知识快餐”冲击着常态课堂教学，从文字书籍、广播电视到网络短视频，知识的生产与传播方式不断演变，我们还依靠枯燥的口述、简单的情节、过时的材料，已经无法吸引并激发青少年学习的乐趣，更谈不上用专业的深度引领孩子走向学科的高地，因为他们连门槛都还没有跨入就已经没有了兴趣。

新型知识传播方式无法取代系统的专业学习，但可以成为课堂教学、书本学习的有益补充。所以，我们不仅要教会孩子知识，更要教会孩子如何获取知识，如何用科学的方法从生活和周围世界中提取信息，提炼知识，形成能力，培养素质，实现从“学会”到“会学”的进阶。

爱德加·戴尔于1946年提出“学习金字塔”模型，认为学习效果在30%以下的几种传统方式，都是个人学习或被动学习；而学习效果在50%以上的，都是团队学习、主动学习。

“听讲”，也就是教师在上面说，学生在下面听，这种我们最熟悉、最常用的方式，学习效果却是最低的，两周以后学习的内容只能留下5%。用“阅读”方

式学到的内容,可以保留 10%。用"声音、图片"即视听的方式学习,可以达到 20%。用"演示"的学习方式,可以记住 30%。用"讨论"的方式,可以记住 50% 的内容。用"做中学"或"实际演练"即"实践"的方式,可以达到 75%。用"教授给别人"的方式,可以记住 90% 的学习内容。

不难发现,教师在课堂上占有的时间越多,学生自主探究的时间也就越少,学生自我认知的迭代和完善就越缺乏。如果学生获取知识的主要途径是靠教师的讲解或灌输,这就难以促进学生从元认知的角度审视自己以往的知识,更无法将已有的知识经验与新问题进行融合,知识不过是一堆碎片留存在大脑的"工作记忆区",很容易被遗忘,甚至学生对所学的内容会感到厌烦,因为大量的碎片知识充斥了他们的大脑"内存",而且他们并没有用这些知识去解决真正的问题。

费曼学习法的灵感源于诺贝尔物理学奖获得者理查德·费曼。运用费曼学习法,不但能深入理解知识点,而且记忆深刻,难以遗忘。

费曼学习法可以简化为四个单词:概念(Concept)、传授(Teach)、回顾(Review)、简化(Simplify)。

学习某一新知识(确定目标主动学习)后,如果没有教授对象,可以找一张白纸,想象着给一个小孩子教授这个新学的知识(试着教授给他人)。教授过程中肯定会卡壳,这时候就需要回顾这个知识,再次深入理解(回顾与整理),并试着用最简单的语言来描述和说明新的思考与理解(简化与提炼)。

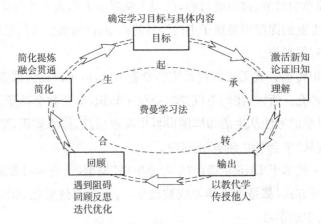

图 3-2-1 基于"费曼学习法"的"起—承—转—合—生"教学流程

不难发现，在理解、输出、回顾、简化的过程中，学生的认知和思维会形成"自我—问我—共我—忘我"的发展历程，即先自主学习达到初步激活与新旧融合，然后开始"以教代学"分享自己的智慧，再通过自我发问解决深层问题，最后达到融会贯通的忘我状态，更甚者可以实现"无我"之境，即向外输出的学生会从其他学生的提问中学到更多的知识，发现更多的视角，找到更多的解题思路，再激励他进入新的良性循环，而此时教者亦可学，学者亦可教矣。

从学习金字塔的逻辑结构到费曼学习法的基本策略，我们都可以把它们和五星教学法、"起—承—转—合—生"教学模式相互对应，当然其中必然有不同环节的调整或不同层次的推进。但其在根本上都是从个体到群体、从单一到多元、从浅层到深层、从外驱到内驱的发展过程，是符合人类脑科学与认知发展规律的。

学习的本质，就是信息之间创建连接。

所以，在我们的乐和课堂里，教师应提醒学生：请用最简单的语句描述你的思考，请用三个关键词表达它的意思，请用五个单词描绘文本核心思想，请用三个人物关系概括这段历史，请用几句话说出解题思路，请用一幅简图表达你的情感，请在观看视频的时候思考以下几个问题⋯⋯

不得要领的大量输入，是无法实现自我成长的，是无法激活学生的深层思维的，更无法带领学生和教师一起走出舒适区，挑战最近发展区。

总之，教师不要大包大揽，要科学合理地激发不同层次学生的内驱力，带给各层次学生归属感、成就感和自信心，师生都会收获惊喜！

我们要相信学生具备这样的潜力，对于一个有自觉学习行为、有着明确学习目标的学生，教师和家长只需要告诉他如何去做的思路就可以了，接下来要靠他自己去摸索出一条适合他个人发展的学习之路。

教育是为了让更多的孩子将来能更好地将自身的潜力展现出来，而不是白白浪费时间。相信通过这些策略和方法，可以更好地激励学生发现问题、解决问题和探索未知领域，激发孩子的学习热情和自主学习能力，帮助孩子从被动学习变成主动学习。

乐和课堂灵动教学让大脑起舞

子曰:"知之者不如好之者,好之者不如乐之者。"

夸美纽斯说:"兴趣是创造一个欢乐和光明的教学环境的重要途径之一,兴趣是推动学习的内在力量,学生的学习兴趣是学习的强大动力。"

您还记得小学和初中学过哪些有趣的内容吗? 您还记得那些让您终生难忘的学习瞬间吗? 您是否觉得那些曾经让您惊吓、错愕、惊奇、搞笑、纠结的事情,比那些让您没有情绪感应的事情更容易记得住、记得牢,甚至让您回味无穷呢?

您读过的言情小说、武侠小说、历史小说中,哪些章节是让您难以忘怀的? 为什么一些专业书籍、工具类书籍,您读了很多遍还是容易忘记。学校的课本,学生通读一遍,有时几乎无法理解更谈不上深度记忆。但是喜欢的小说或漫画,过了很久依然记忆犹新、历历在目,甚至能够在脑海里重现精彩场景和情节,这是不是很神奇?

我们容易记住那些让人感到紧张、害怕、搞笑、有趣的教师,却几乎无法记住他们讲了些什么具体内容,或者用到了哪些教学工具;我们常常回忆起以前的老师们精彩的教学瞬间或充满刺激的教学场景,而学生也同样会对我们授课时的精彩场景记忆颇深。

以"三脑理论"来论述,就是如果教师希望带领学生获得"理智思考"(理智脑),就应该在有效教学的每个环节全面激活学生的"本能反应"(本能脑)和"情绪反应"(情绪脑),使学生处在创造性脑力劳动的状态。

适宜的情境可以激发学生打开认知缺口,产生认知冲突,从而激发其好奇心和求知欲,学生在类似问题情境的引导下,对问题本身有切身体

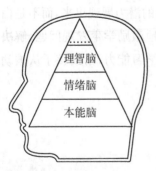

图 3-3-1 "三脑理论"示意图

理智脑

情绪脑

本能脑

会,便能消除学生的认知障碍和畏难情绪,基于自身的认知基础和最近发展区,激发其解决问题的动机,并对后续课程的学习充满期待。

显然,刺激到学生本能反应的事情更容易让学生难以忘记,但是并不是所有的教学活动都能刺激到学生的本能。而且刺激本能的活动多与安全、伤害、心理存在相互作用,这样的活动设计也具有极大的挑战,否则就会得不偿失,甚至带来不可逆转的后果。

好在我们可以通过刺激"情绪脑"的方法让学生对课堂产生兴趣,从而对整节课产生学习的动力和欲望,进而对学科教学产生浓烈的期待,最终"亲其师、信其道"。

《有效情境创设的40项设计》一书中为我们提供了多种情境设计的策略,帮助我们激发学生的学习兴趣和动力。教师可以结合教学实际进行联想,设计真实有效、贴合学生实际、激发学生各种情绪的教学情境,让学生的情绪"舞动"起来,让学生的思维跟着教师的情绪开始"跳舞",让师生共同感受这些精彩的瞬间,让学生终身能够记得这节课堂。

起——激起兴趣、燃起信心、引起冲突、发起问题、关注生活

生活情境拨动亲情心弦、图示情境揭示历史谜题、故事情境化为数学表达、故事情境引导语言表达、表演情境彰显人物性格、抢答情境盘活文学知识、类比情境辅助概念理解、问题情境指向知识联系、问题情境引导知识应用、对话情境促进异同辨析、直观情境辅助语言表达、娱乐情境激发学习兴趣、音乐情境检验新知表达、实验情境促进知识建构、实验情境助力定律验证、实验情境暗示物理定律、实验情境建构认知冲突、任务情境引发活学活用、数据情境驱动问题学习、悬疑情境揭开新知面纱、纪实情境还原历史真相、图片情境增加想象空间、调研情境奠基价值认同、实作情境搭桥概念学习、想象情境激活文本内容、案例情境隐含明理践行、案例情境驱动话题研讨、图表情境显示分数意义、图画情境展现搭配组合、趣味情境注入运算活力、魔术情境展开物理追因、热议情境巧搭函数关系、实物情境转换数学表达、音乐情境增进阅读体验、游览情境串联语言表达、事例情境辅助概念理解、数字情境换用英语表达、材料情境还原历史真相、诗意情境助兴乐曲鉴赏、线条情境凸显变化趋势

图 3-3-2 利用多种情境促进教学效果

在乐和课堂推进过程中,我们反复强调情境和问题的重要性,不能为了情境而设计情境,也不能脱离情境创设枯燥的问题,要尽可能联系学生的生活实际、师生的教学常态等,并在此基础上融会贯通,挖掘优质教学资源,创设趣味教学情境。

在此要特别注意的是:情境的设计一定要基于学生的认知基础。不合时

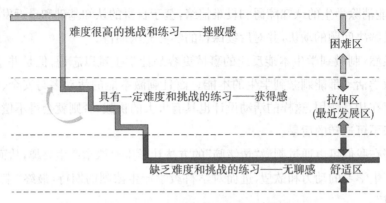

图 3-3-3　从舒适区到拉伸区的发展突破

宜、不看场合的情境设计有时候会适得其反,不仅不会为课堂教学加分,反而会让学生感到迷茫、错愕甚至可能产生逆反心理。

　　对学生而言,缺乏思维难度和挑战、平平无奇的情境和问题只会让他们觉得"无聊透顶",而思维难度较高的情境却让学生无法理解或难以想象,进而望而却步。我们要选择那些在学生思维的最近发展区可以理解的、与生活密切相关的情境,或他们经常听到的、看到的或者大多数同学亲历过的素材,才能真正带领着学生跟着教师一起"让情绪大脑跳舞"!

"微视频 1.0～4.0" 助推乐和课堂教学实践

辅导是教学过程中的一个重要环节,也是教学有效性的一个重要体现。有效的辅导不仅可以巩固、加深所学的东西,还能培养学生想象力和创造力。在检查"教与学"的质量、发展学生智能、反馈教情学情等方面,辅导都起到了重要的调节作用。

我们认为作业是为了发现学习问题,而辅导和订正才是为了解决学习问题。收齐作业予以批改,并不能帮助学生解决问题;给予学生及时的正反馈,并提供翔实的指导路径,才能帮助更多学生进行个性化学习,从而实现个性化辅导,保证教学质量。否则即使讲得天花乱坠、技术五花八门,学生作业质量低,教学效果也未必好。

于是,我们开启了以作业微视频解析来促进个性化辅导的实践研究,例如数学组、物理组。下面以九年级物理复习微课制作为例进行简要说明。

该研究源于九年级下学期初的复习课教学,教师主要研究的学科为九年级物理,利用了"课程网页回放"功能,以及屏幕录制功能。对于大多数学校教师来说,其实这两种功能也适用于不同年级不同学科的个性化辅导需求。

该模式主要包括的环节可见图 3-4-1。

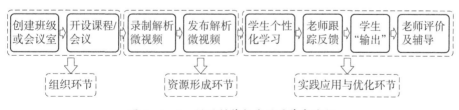

图 3-4-1　微课制作与应用的基本流程

"创建班级、开设课程/会议"是基本的组织路径,它的作用在于形成学习组

织,按照需求开设相应课程,无论是线上教学还是线下教学,都可以使用这种模式推进混合式教学,促进教学实效,提升教学质量。

"录制、发布微视频"主要由教师根据教学需求,对每天线上教学的疑难和重点问题进行解析,通过录制和发布微视频解析,供学生进行个性化学习。

"实践应用与优化"是核心环节,基于前面的组织路径与资源形成,学生可以进行个性化学习,教师及时跟踪相关数据,详细查阅学生的订正作业,通过"学生输出"检测学生的掌握情况,并利用各类工具进行评价与个性化辅导。在日常学习、阶段练习、专题复习等不同时期,都需要完成相应的作业。即使现在很多学校正在开展校本作业设计及分层作业设计,但依然不能完全脱离传统作业形式,大多数作业仍然是统一布置、统一要求、统一模式、统一内容,只是难度和评价不尽相同。但是,不同学生对于不同的练习仍然存在不同的问题,换言之,在全班授课制的状态下,教师要进行辅导就必须要解析共性问题和个性问题,而这必然会对教学带来影响,在讲解难题的时候学困生跟不上,在讲解简单练习的时候学优生不在意,所以作业的讲解与个性化辅导受到了很大限制。

我们通过选编、改编及创编等方式,将每天的作业精选出来,并针对这些习题录制微视频,然后分享到学习群,因需获取,帮助学生更好地进行个性化学习,保证作业质量与辅导效果。

(1) 微视频 1.0——基于"少量个性化需求"的点对点解析模式。

为了帮助学生更好地解决课堂上未解决的问题,教师利用手机对焦纸质作业进行书写讲解,然后将录制的微视频分享给学生,从而实现了"解决少量个性化需求"的"点对点解析"模式。

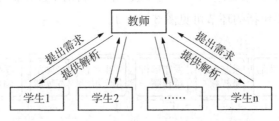

图 3-4-2 基于"少量个性化需求"的点对点解析模式

该模式的优点在于教师根据学生提出的需求进行微视频录制,符合学生个性化辅导需求。但该模式的不足在于手机录制视频容量大、对焦难、观看效果欠佳、无法即问即答,同时因为这些视频不显示具体的问题内容,而且微视频发送数量过多以后,会严重影响学生对已发布微视频的再学习。

(2) 微视频2.0——基于"解决共性问题+个性问题"的交互解析模式。

基于微视频1.0版本的个性化辅导解决了"少量个性化"的需求,对作业辅导有一定帮助作用,但它无法满足长期多次、大面积的作业辅导需求,于是教师会选择将多个作业集中录制成一个视频,再通过建群、共享等方式发布解析,以减少重复录制、讲解和转发的工作量,然而带来的问题是对个性化需求的弱化。

为此,教师发现利用"ClassIn(在线教室直播互动软件)课程+微视频"的模式,可以为解决学生的共性问题和个性问题提供一种高效方案。

首先,可以利用ClassIn开设班级,并在里面添加相应课程表,设置"录制教室+网页回放"功能,便可以在课程结束后,获得微视频上传功能和网页回放功能。

然后,教师利用"希沃剪辑师(录屏剪辑软件)+手写板"的软硬件搭配,进行圈画标注和录屏讲解,形成各个练习的微视频。当然,也可以利用其他录屏软件和触摸屏工具完成制作过程。

接着,教师将录制好的微课,上传到ClassIn对应的课节当中,于是便形成了每天的作业微视频专题页面,比如当天的作业有6道题,制作了6个微视频,这一专题页面就像文件夹一样,将这些微视频同时呈现在一个网页里,供不同的学生选择性观看和学习,模式如图3-4-3所示。

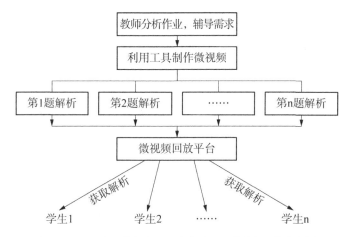

图3-4-3 基于"共性问题+个性问题"的交互解析模式

"希沃剪辑师＋手写板"的微视频录制模式可以被其他录屏和画屏模式替代，"ClassIn 网页回放功能"也可以被其他类似平台替代。

此模式可以根据学情提前进行微视频录制，可以选择声音环境较佳、设备运行状况较好的时候进行录制，避免外部喧闹等带来的影响，它可以使微视频质量更高，带给学生的指导效果更好。此模式基于教师对学情的分析，符合学生的发展需求和教学需求，既可以为解决共性问题提供帮助，更可以为学生的个性化辅导提供学习支架，让原本分身乏术的教师，更加高效地开展差异化辅导，从而实现差异化教学和因材施教。

（3）微视频 3.0——基于"刻意练习"模型的专项解析模式。

无论是线上教学还是线下教学，随着教学内容的增多、难度的增大，学生掌握的知识必然会存在疏漏、遗忘等现象，从而呈现出学习成效差异大、两极分化严重等问题。当然这也与学生长期以来的学习习惯、学习方法、理解能力存在必然联系，但是"刻意练习"模型可以帮助学生适度地破解难题，打破舒适区，步入新的学习区，逐步减小两极分化，缩小差异。

"刻意练习"模型通过"制订目标—专注投入—正向反馈—打破舒适—心理表征"等环节，引导学生不断开展有目的的练习，通过短时间内适量专项练习达到熟练，在即时获得正反馈的同时，跳出自己的舒适区，适应新的最近发展区，"刻意练习"模型可以在教学中以"专项练习"的形式推进。

经过多次单课作业的微视频录制以后，教师发现有的同学始终在某个知识点上犯错误。而每天的微视频都是针对多个知识点或题目类型，缺乏专项解析指导路径。于是教师将"每日解析"的微视频进行知识点目标分类，并将他们分类上传到对应的课程中，便形成了"每日解析和专项解析"，同时基于相关资源形成了"微视频 3.0"模式，模式流程如图 3 - 4 - 4 所示。

基于"刻意练习"模型的"微视频 3.0"模式，教师既形成了单课微视频集，也形成了专项微视频集，当教师发现某个同学的问题属于他"最近发展区"的问题，而且是"可以承受并解决"的，那么便可以单独进行个性化辅导，通过在线会议或通信工具进行专项指导与点拨，让孩子在短时间内形成对某一知识体系的深度认识，它也非常类似于"西蒙学习法"（或称"锥形学习法"）的基本原理。

在该模式中，教师更大的精力用于个性化辅导，而非解决共性问题，因为系列化的每日解析和专项解析，可以解决大部分同学的大部分问题。

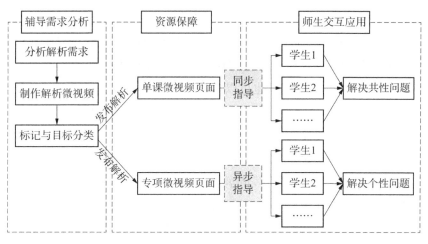

图3-4-4 基于"刻意练习"模型的专项解析模式

（4）微视频4.0——基于"学习金字塔"的共生解析模式。

当然，仅仅只是教师的点拨是不够的，基于"微视频3.0"模式，教师可以根据学生需求实时调出多个专项作业，引导学生进行观察、表达、输出，在大量的师生对话和输出过程中，让学生真正去理解知识，掌握解题技巧，突破"舒适区"，走向"拉伸区"。

为了激发更多学生的"输出"，教师启动了"微视频4.0"版本实践研究（如图3-4-5所示）。

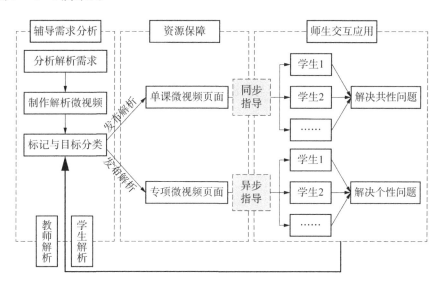

图3-4-5 基于"学习金字塔"的共生解析模式

　　该模式主要基于"学习金字塔"理论和"费曼学习法"模型等。

　　根据爱德加·戴尔提出"学习金字塔"模型可知,在个性化辅导中最重要的是"学生输出",学生只有通过大量的讨论、实践、传授来变被动学习为主动学习,既可以实现生生专题交互,也可以实现学生的"碎片化输出",它类似于"费曼学习法"的模型,师生通过"设定目标—学习理解—大量输出—回顾总结—简化凝练"等环节,在短时间内跳出舒适区。

　　于是,教师邀请班级学生共同录制微视频,在学生解决共性问题和个性问题后,教师发布后期的作业内容,请学生认领自己的微视频题号,并通过手机对焦录制微视频,或者利用录屏软件录制微课。在此过程中,教师更多指导学生解题的思路以及一题多解、举一反三的思维模式,同时根据录制的效果优劣有选择性地分享到专题页面。

　　基于"微视频4.0"模式,师生互助共同参与作业解析,有效激发了部分学生的"输出",形成了"共生解析"的良好教学生态,也培养了学生的综合素养,提高了教学效率和质量。

　　这个研究源于我们长期以来的思考与实践,并经历了从"1.0"到"4.0"的迭代。基于同一平台的"单课微视频＋专项微视频"可以跨越时空障碍,破除知识壁垒,减少技术门槛,切实有效提升教师的教学效率和个性化辅导质量,无论是课上引用微视频,还是课后分享微视频,或是个性化辅导的专项微视频,以及师生互助的共生解析等,都符合学情定位和教学需求。

　　当然,该研究基于"最近发展区""刻意练习模型""费曼学习法""学习金字塔"等多种理论,这种微视频的制作、分享、应用模式,也适用于线上教学、单元教学、习题教学、试卷讲评等多种教学场景,教师们应根据自己的实际需求合理搭配技术与工具,科学选择平台与资源,切实有效开展实践研究,为提升师生的教学质量服务。

借助"云平台" 优化"云辅导"

吴泾中学物理教师为了提升分层辅导与复习效率,在不脱离纸面书写前提下,针对性地研究了"码书辅导"法。教师先将没有参考答案的资源发布给学生,学生在手机或平板上读题,在纸上答题。而后教师再把包含参考答案和详细解析的资源二维码推送给学生,在线批改,自主订正,强化解析,学生通过对比分析,发现问题及时订正,巩固强化,实现个性化学习。

参考以上方法,物理组制作了初二物理全年级的知识复习与解析资源,基于数字平台的题目阅读与解析,有效提升了学生的复习效率和课外辅导质量。

数学组教师为了分层指导、辅优补差,组内联合设计了针对期中、期末综合素质评估的一些专项微课,里面包括了样题、解析及视频讲解过程。制作一个这样的微课需要花费大量时间,其间包括题目设计、解析设计、解析校对、录制视频、剪辑视频等环节,才能把最终的优质辅导资源呈现在学生面前,这具有极大的挑战性,但是它所具有的研究价值也极其重要。

这些资源被统一分享到备课平台,使得共生备课更加具有实效性和高效性,让备课组教师能更快更好地进行集体备课并分享教学资源,有效推进教学改进研究,有效提升教学质量。

例如初三年级面临中考挑战,很多同学对于物理电学的学习与理解难度较大。电学不仅是重点、难点,还是重要考点。一些学生的整体学习能力欠佳、运算推理较弱,而且家里没有实验器材,缺少多元感官刺激,仅靠死记硬背很难突破瓶颈,稍有难度的电学练习就几乎全军覆没。所以学生的物理建模和思维培养是研究的重中之重。

如何在教学中融入极简教育技术,促进学生从感性到理性,从形象到抽象,从体验到建模,培养科学思维,具有极其重要的研究价值。无论是线上还是线下,无论是期中还是期末,专项复习课都非常重要,但很多时候专项复习最后都

变成了刷题。如果学生缺少思维的脚手架,题海战术并非一项有效的策略,甚至可能打击学生自信,使学生反感。

此时,虚拟实验便起到了一定的辅助作用,它可以与传统教学方法有效结合,作为实验教学的补充工具,使得抽象的物理规律直观化、可视化。重要的是,它可以让学生边模拟边练习,边复盘边思考,边设计边研究。

比如常见的电学故障类的专项练习,我们可以通过预学激趣、导学分析、巩固提升等环节,层层递进,引导学生从问题情境入手,根据电路图组建实验器材,从形象到抽象,逐步形成逻辑推理能力、科学表达能力、抽象建模能力、综合分析能力,最后从虚拟实验回到问题研究,学会辨析常见电路故障,解决问题。

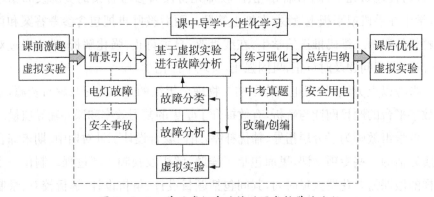

图 3-5-1　基于虚假实验辅助课堂教学的流程

在"课前激趣"环节,将设计好的虚拟实验网页通过二维码图片或网址链接等形式分享给学生,学生扫描二维码即可进入虚拟实验页面,无需登录和安装软件,快速便捷且高效整合,减少技术门槛,提升教学效率。

学生可在课前根据教师提出的问题进行设计与分析,通过截屏等方式与教师在课前交流预学问题,这能帮助学生有效预学,发现问题。如果备课组协作把相关的新授课、专题课、复习课的虚拟实验页面设计完成,并将二维码整理成一个 PDF 文档或者是一个网页形式,就可以形成"以丰富的虚拟实验"为辅助的探究学习,这具有很大的研究价值。

图 3-5-2 是某电路故障题的电路图,在进行故障分析的过程中,学生既可以直接在电路图上进行分析,也可以在虚拟实验页面,通过移动、组合等方式调整元件的位置和导线连接,结合不同的条件进行模拟实验,并获得相应的数据参考。虚拟实验技术支持,使物理建模与实验探究紧密结合,特别是对那些

分析能力相对薄弱、推理能力欠佳的同学,具有很好的帮助作用。实践研究发现,课外自主学习、虚拟实验、学练结合等形式,对学生的思维能力、故障分析、物理建模、学习自信、学习兴趣的确起到了一定的积极影响。

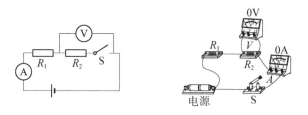

图 3 - 5 - 2　电学练习的虚拟实验效果图

此外,为了激发学生的线上学习兴趣,促使他们保持积极的热情和学习内驱力,教师又在几个专题复习中引用了虚拟实验的研究,帮助学生"从看得见到想得到",而不是凭空进行建模和分析,给他们搭建了脚手架,提供了思维台阶,尊重学情和最近发展区。学生利用碎片化的时间进行虚拟实验,对照研究,专题分析。这个策略也非常适合学生理化生实验操作考试的模拟练习,虚拟实验界面可以帮助学生在中考阶段有效提升实验操作熟练度和操作感。

不难发现,在整个研究过程中,我们还提出了一种"课前预学—课中导学—课后优学"的"课内外虚拟实验一体化应用"策略,从而实现"以丰富的虚拟实验为辅助的自主学习"研究目标,其实践应用模型如图 3 - 5 - 3 所示。

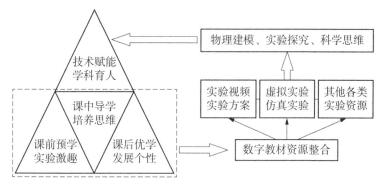

图 3 - 5 - 3　"课内外虚拟实验一体化应用"模型结构图

经过多次实践研究发现,基于数字教材等类似平台的资源整合,搭配教学需要的系列虚拟实验场景,可以帮助学生从形象到抽象进行物理建模,还可以

激发学生的学习兴趣,形成系列虚拟实验资源,促进线上线下混合式教学,有效推进碎片化学习,提升师生的教学效能,学生也从"师讲生听、师问生答"的被动学习转变为"生问师答、生主师导"的主动学习状态,学生的主观能动性得到明显发展。

随着信息技术的发展,课堂教学媒介也在同步更新,从而让教育信息化更好地服务于教学,使教育教学更加智慧化。在实际应用过程中,我们需要坚持"以人为本、基于生活、尊重差异、发展素养、融评于教、学用结合"的理念,通过虚拟实验等技术支持为学生提供多元学习途径,促进师生交互、生生交互、人机交互、生本交互,帮助更多孩子进行个性化学习和差异化辅导,真正为每一位学生的自主学习、个性化学习服务。

数字时代带来更多挑战,也带来更多机遇和思考。在追求"五育并举、立德树人"的教育征程中,我们继"网"开来,基于O2O环境的共生备课和在线教学成为助推教学数字化变革的催化剂,凝聚了众多教师的教育智慧,也为区域智慧教育研究凝心聚力。

分层辅导促进英语教学实效

写作作为初中英语教学的重要组成部分之一,是提高学生英语语用能力和综合水平的重要途径之一。提高学生英语写作水平与学科素养,既能有效提高教学质量,深化教育改革,也能保证素质教育。然而初三学生英语写作水平差异明显,传统的写作教学是面向所有学生的普适教学,很难实现个性化学习与提升。英语学科的核心素养从语言能力、文化意识、思维品质、学习能力四个方面体现,相互关联,相互促进。

苏联著名心理学家维果茨基提出的最近发展区,是指"儿童的实际发展水平与潜在发展水平之间的差距"。前者由儿童独立解决问题的能力而定,后者则是指在成人的指导下或与能力较强的同伴合作时,儿童表现出来的解决问题的能力。他认为教学应当走在发展的前面,也就是学生在现在的水平上向更高一层次的水平方向发展。教师应该着力于了解学生现在的学力水平,在此基础上,制订科学合理的目标,让学生的思维得到发展,让他们的信心得到提振,让他们的学业水平向更高的水平迈进。

维果茨基在研究中表明,教育教学设计的合理性对学生的发展能起到促进作用,但需要确定学生发展的两种水平:一种是已经达到的发展水平,另一种是可能达到的发展水平。

为了基于学生的最近发展区开展教学,教师在教学过程中进行合理的目标分层,A层为英语水平较高、基础扎实、接受能力强、自主学习能力强的学生目标;B层为英语水平一般、有一定的自主学习能力和上进心的学生目标;C层为英语水平薄弱、接受能力欠佳、学习积极性不高、学习有困难的学生目标。分层之后,针对具体情况,教师帮助不同学生确立具体的写作目标,即目标分层。制订科学的写作训练计划,能帮助学生明确了解课程标准在写作方面的具体要求,引导其制订写作训练的中期和长期计划,并按照拟定目标完成相应的课外

写作任务。

在进行写作指导之前,教师会先和学生进行沟通。首先,让学生明白进行写作分组的目的是给提供给他们一个更合适的学习方式,避免学生产生消极或抵触情绪。其次,明确写作指导过程中的教学活动,比如同伴互评和多次修改,让学生做好学习准备。最后,帮助不同层次的学生明确自己的学习目标。在实践过程中,教师并非一成不变地固化结构,而是会根据学生的发展与需求,对不同层次学生进行搭配、组合、流动,这也给予了学生不同的发展机会和平台。

在教学过程中,教师发现初三学生平时英语作文中有许多问题。由于审题不明、英语基础较差等,学生在写作过程中,会出现句型单一、偏题、结构松散、废话较多、中式英语等问题。部分学生在以前的英语学习中,词汇积累少、基础较薄弱,导致文章语句不通甚至无法按要求完成作文。对学生的个性化分层来开展教学,能提高教学效率,也能提高学生的各项能力。

推进初三英语作文分层指导,可从课堂教学和课后指导两方面进行。在课堂教学中,根据体裁分类指导,重点可以放在夹叙夹议及说明类作文的指导上。为了保证教学的质量水平,教师在设计教学方案的时候充分考虑学生的智力因素、非智力因素和学习水平进行分层教学,使教学满足每一位学生的基本需要。同时,在平时阅读教学中,让学生养成积累好词好句的习惯,并适当背诵积累,为写作进行材料储备。因为基础和能力的不同,学生接受知识的速度各有不同,所以我们要不断优化教学方式。

在指导学生写作过程中,针对不同层次的学生,指导的方法也不同。不同层次的学生需求不同,有的学生表达能力较强,思路清晰,内容饱满,需要更多地指导他们上下文的逻辑关系,开头是否开得好,结尾是否点题、总结得好等。有的同学很容易议论较多,描写不足,个别同学会出现跑题的情况,这时就需要引导他们更好地表达自己的想法。基础较薄弱的同学更需要积累单词拼写夯实基础,同时他们的写作结构和内容完整度也需要提高。

在课堂教学中,教师利用合理分层进行小组合作和安排教学活动。在课后,根据学情布置分层作业,为不同英语水平的学生提供相应难度的课后作业。不同层次的学生写出来的作文不同,他们的目标不同,教师提出的要求也不同。所以,不能以统一标准对他们进行评价。

我们在教学实践中也注重"评价分级、以评促学",以学生的基础为依据,参考他们的学习目标,对学生进行评价。比如,原来拼写错误较多、句子不通顺的学生能写出完整的句子或者语法错误减少了；原来只会写简单句子的学生可以用多种句式进行写作；学优生则在原本的基础之上，在语言、逻辑、文章结构、选材上有进步。这些点点滴滴都是他们的成长，都是值得肯定与鼓励的。

分层教学与辅导，使每个学生都能有所提升，这充分调动了学生的学习热情，激起他们的积极性。比如在教学过程中，教师发现每个小组的同学都会热烈讨论并且提出自己的建议，他们互帮互助，相互学习。不同层次学生的需求得到了满足，他们在课堂内外都能找到自己的最近发展区。采用分层教学之后，课堂效率得以提高，学生的课堂参与度、课内外任务的完成度都得到了显著提高。学生不但增强了自信心，而且在一次次的讨论和优化过程中不断进步。

教育的目的是发展学生的潜在能力，乐和课堂不但是获取知识的地方，还是培养和发展个人潜力的主阵地。

多样辅导助力突破难点

如果说中考是一场战役，那么数学就是一把利剑，第 24 题能不能做出来，做得好不好，对学生成绩的影响不仅仅是这 12 分，还会影响学生的自信心等，可以说这道题的重要性丝毫不亚于最后一道压轴题。因为数学成绩不好，就会影响中考总成绩，如何在中考中取得胜利，第 24 题至关重要。

为此，吴泾中学数学组教师结合乐和课堂基本原则和教学模式，进行了深入的实践研究。

1. **课前准备：摸清命题原理、设计特征、知识标记**

备课组要求教师精做近十年的中考卷中的第 24 题以及近几年来各区县的初三重要测评卷中的第 24 题。每年中考结束之后都会有专家对本次考试试卷进行整体评价，作为教师要了解清楚，比如二次函数压轴题的设计原理与特征等。

（1）设计原理。

二次函数压轴题主要是通过"数学思想"来设计的，主要涉及的数学思想有方程与函数思想、数形结合思想、函数建模思想、转化思想、分类讨论思想等。

（2）设计特征。

题干的设计：

① 已知抛物线经过的点（与坐标轴的交点）、顶点及对称轴，来确定抛物线。

② 引入直线与抛物线的位置关系，来确定直线和抛物线。

③ 引入特殊的几何位置关系。

④ 引入特殊的几何图形（主要是三角形和四边形，三角形包括直角三角形、等腰三角形等）。

结论的设计：

① 题目结构:中考二次函数压轴题通常有三道小题,一直遵循"从易到难"的原则。

② 基本结论的设置:第一小题,求未知数确定系数、点的坐标、线段的长度、一次函数的关系式、二次函数的关系式;第二小题,由动点引入特殊直线位置关系;第三小题,设置开放性问题,探索动点的特殊位置关系。

对第 24 题的整理归类:一方面是按知识条块归纳整理,形成全局观念;另一方面是方法类型,形成系统,提升解题策略,以达到解一题会一类。我们按年份、考题类型、知识点对第 24 题进行整理。整理好之后,将它们装订成本,作为校本作业。每天一道题目,每一页上面都会有激励的语言——来自数学家的经典名言,并在后面附上关于数学史的一些内容,让同学们了解数学家,了解数学史,从而激发他们的学习兴趣。

2. 精讲精练典型例题

精讲精练是提高课堂效率的有效教学模式。

课堂教学,只有做到精讲精练、讲练结合,才能创造教师和学生的"双边共赢",才能实现教与学两个方面的优质高效。这就要求教师合理运用学习策略,最大限度地调动学生学习的积极性,鼓励学生对待问题敢想、敢问、敢说、敢做。通过对题目的筛选,找到具有典型的代表,在讲解与提炼过程中,培养学生的多角度思维和综合应用能力。

3. 专项训练归纳总结

A 型或 X 型基本图形以及变式模型如下:

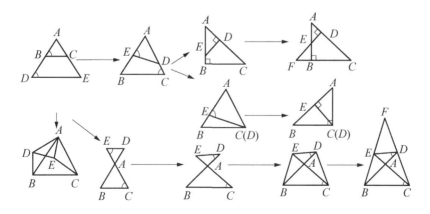

子母三角形以及一线三等角模型如下:

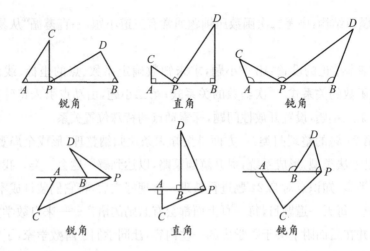

锐角　　　　　　直角　　　　　　钝角

锐角　　　　　　直角　　　　　　钝角

双垂直模型以及射影定理如下：

已知在 $\triangle ABC$ 中，$CD \perp AB$，垂足为 D，$BE \perp AC$，垂足为 E。

结论①：在 $\triangle ACD$ 和 $\triangle ABE$ 中，$\begin{cases} \angle A = \angle A \\ \angle ADC = \angle AEB \end{cases}$，$\therefore \triangle ACD \triangle ABE$。

结论②：$\because \triangle ACD \triangle ABE$，$\therefore \dfrac{AD}{AE} = \dfrac{AC}{AB}$，$\therefore \dfrac{AD}{AC} = \dfrac{AE}{AB}$。

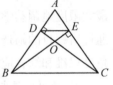

在 $\triangle ADE$ 和 $\triangle ACB$ 中，$\begin{cases} \angle A = \angle A \\ \dfrac{AD}{AC} = \dfrac{AE}{AB} \end{cases}$，$\therefore \triangle ADE \triangle ACB$。

结论③：在 $\triangle DOB$ 和 $\triangle EOC$ 中，$\begin{cases} \angle DOB = \angle EOC \\ \angle BDO = \angle CEO \end{cases}$，$\therefore \triangle DOB \triangle EOC$。

结论④：$\because \triangle DOB \triangle EOC$，$\therefore \dfrac{DO}{EO} = \dfrac{OB}{OC}$，$\therefore \dfrac{DO}{OB} = \dfrac{EO}{OC}$。

在 $\triangle DOE$ 和 $\triangle BOC$ 中，$\begin{cases} \dfrac{DO}{OB} = \dfrac{EO}{OC} \\ \angle DOE = \angle BOC \end{cases}$，$\therefore \triangle DOE \triangle BOC$。

结论⑤：$Rt_{\triangle CEO} \backsim Rt_{\triangle CDA} \backsim Rt_{\triangle BEA} \backsim Rt_{\triangle BDO}$。

如图，$\angle BAC = 90°$，$AD \perp BC$，

则 $\underline{Rt\triangle ABD \backsim Rt\triangle ACD \backsim Rt\triangle ABC}$。

射影定理：

$AB^2 = BD \cdot BC；AC^2 = CD \cdot BC；AD^2 = BD \cdot CD$

手拉手模型（体现了旋转型相似，这常常在图形运动相关的填空题中有较多的应用）如下：

如图，$\angle B'AC' = BAC$，$\dfrac{AB'}{AB} = \dfrac{AC'}{AC}$，

则 ① $\triangle B'AC' \backsim \triangle BAC$；

② $\begin{cases} \angle B'AB = C'AC \\ \dfrac{AB'}{AC'} = \dfrac{AB}{AC} \end{cases}$，即 $\triangle AB'B \backsim \triangle AC'C$。

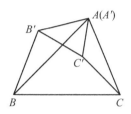

双等角模型如下：

当 $AD \parallel BC$，$\angle APB = \angle EPC$ 时，

如图①，作 $EN \perp PC$，此时 $\triangle ABP \backsim \triangle EPN$；

如图②，延长 PE、AD 相交于点 M，此时 $\triangle APM$ 为等腰三角形。

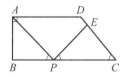

图①：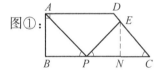 　　图②：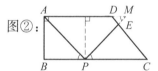

4. 强化输出系统概括

每道典型的例题或数学模型的讲解，教师都会让学生回家自己整理笔记，既有利于使学生所获得的知识脉络清楚、重点突出，便于记忆，提高自己解题的能力，又有利于加深对数学知识的认识，掌握分析归纳整理材料研究问题的方法。比如，二次函数中的比例线段问题如下：

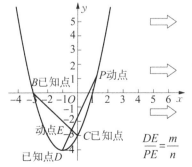

⟹ 3定：①抛物线解析式
　　　　②直线解析式
　　　　③线段之间的比例关系

⟹ 2动：①抛物线上的动点
　　　　②直线上的动点

⟹ 策略：①利用比例关系表示点的坐标
　　　　②利用已知角的三角比表示线段
　　　　　长度继而求点的坐标
　　　　③利用比例关系(2组相等)构造相似三角形
　　　　④构造A/X型基本图形

$\dfrac{DE}{PE} = \dfrac{m}{n}$

5. 充分利用生成资源

上课时的师生交互、生生交互、思维碰撞，是学生主动建构知识的过程，它不是简单地、被动地接受学习，也不是由外向内地灌输，因此在教学中调动学生的学习自主性是不容忽视的。

陪着学生一起做题，并在做题的过程中捕捉学生的智慧光芒。正因为这样，师生可以一起总结出一些像"双平法"这样非常实用的"私家定理"。数学课堂不再呆板与沉闷，而是变得活泼起来。

6. 个性辅导提炼技巧

分题得分：在综合题中，前面小题的结论、解题思路对解后面小题起到铺垫、引导的作用，它们之间往往存在一种递进关系。用好这种递进关系，是破解压轴题的根基和动力，这样就大大提高了获得高分的可能性。

分段得分：一道中考压轴题做不出来，不等于一点不懂，我们要将片段的思路转化为得分点，强调分段得分，而分段得分的根据是"分段评分"。对中考压轴题要最大限度地发挥自己的水平，理解多少做多少，把中考数学的压轴题变成最有价值的压轴好戏。

正确认识压轴题，需要培养学生正确的心态！信心很重要，勇气同样不可少。

以"数"为"据"提升辅导效率

在常态教学过程中,每学习一个单元或者每过一段时间,教师们就迫切想"称一称"学生到底"几斤几两",同时也希望在最短的时间内提高辅导效率,将"漏网之鱼"全都捞回来。但是教学时间有限,课余时间紧张,如何在最短的时间里"望闻问切"、精准把脉,给不同层次学生对症指导,从而杜绝"满堂灌、一刀切"的辅导模式,使辅导更具个性化呢?

正如图 3-8-1 所示的木桶效应,两位同学处于同等水平,他们错误率也相同,但仅看错误率是无法进行精准导向的,可能甲同学错在 A 知识点,而乙同学错在 D 知识点,没有精准定位的个性化辅导,虽然通过"增量加时"也能"反复强化",但它并未有效实现"师生同步减负增效"。

图 3-8-1 基于"木桶理论"找准学生的学习问题

于是,我们跟踪物理、化学及数学等学科,通过研究发现,基于共生备课分享个性化辅导练习可以有针对性地开展差异化辅导,帮助教师更快地设计同类习题,帮助学生更精准地开展练习,补齐短板,从而真正实现"课课练"的高效辅导,有效提升学科教学质量,其应用流程如图 3-8-2 所示。

特别是在单元复习、期中期末复习、课外精准辅导等方面,我们经常会碰到这样的现象:学生练习出错,教师进行面批并讲解,结束以后问学生"学会了吗?理解了吗?"学生都说"会了、懂了、悟了",但是过几天测验,他还是会做错这些

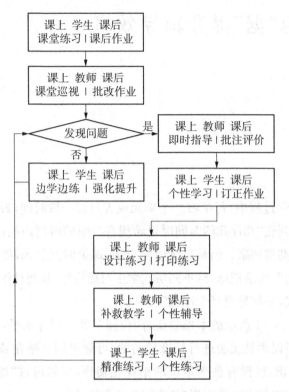

图3-8-2 以"数"为"据"的精准练习与辅导流程

题。这是教师没讲清楚、学生理解力差,还是我们的方法有待改进呢?

　　既然学生当时说"会了、懂了、悟了",那为什么不及时再测呢?再给他一些习题让他当面完成,不就可以及时检测学习的质量了吗?可是教师哪儿来得及一个一个布置练习,毕竟还有其他学困生在排队,即使头脑里有一堆习题,也没法儿马上写出来啊,何况写出来还得审核一下有没有写错等。于是,基于共生备课模式的个性化辅导应运而生。

　　教师可以对本节课进行"备练习",课前对学生进行预设,这就是"备学生"的价值。比如,本节课要讲什么知识点?哪些同学可能会错?他们可能会错哪些知识点?这些知识点相关的练习有哪些?教师不能临时进行练习设计,但完全可以在课前就写好,并把它拍照发送到自己的手机里,效果如图3-8-3所示。

　　当教师迫切需要这些练习时,只需结合平板工具或小型热敏打印机,马上把自己预先设计好的练习打印出来,让学生贴在错题本上进行练习,教师便可

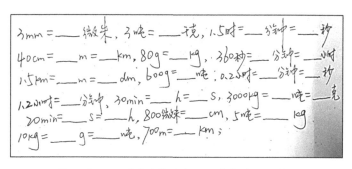

图 3-8-3 课前设计的个性化随堂练习效果图

以节约大把的时间来进行个别辅导,同时也能保证学生在更短的时间内进行再测评价,确保知识点理解到位了。

图 3-8-3 就是初二物理教师在单元复习时,考虑到平时教学中学生经常出现换算错误而进行的练习预设,里面就包括长度、时间、质量单位换算的相关练习,学生完成练习所花费的时间也不会太多,教师也不需要重复书写,可以说共生备课为教师提供了很大帮助。

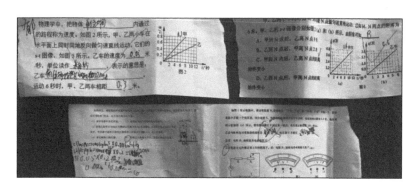

图 3-8-4 学生的个性化随堂练习便笺纸效果图

图 3-8-4 是九年级物理教师根据学生的错误预先设计的个性化练习,而这些碎片化的习题都成为共生备课的内容之一,它并不一定要上传到平台,但它可以在备课组内部交流分享,有效促进备课组教师进行个性化辅导。如果每个教师都站在年级的角度、站在备课组研究的角度来看待此项工作,那么个性化辅导的精准性便可以得到明显提高,个性化练习的选编与创编也更加高效优质。学生可以获得真正适合它的小练习,教师也可以减负增效,促进教学辅导的有效性,这也正是乐和课堂追求的师生减负增效、教学相长的目标。

第四章

从作业设计到刻意练习

在生活中,有些人盲目地认为:废寝忘食地练习,就一定有收获。

可是事实告诉我们,如果一直用错误的方式练习,就会远离目标、浪费精力、感受挫败。

"天真的练习"只是不断重复,误以为自己学会了、进步了,在重复、枯燥、基础的机械练习中,使人产生错觉,形成自我欺骗的"假成功",最终难以真正获得成功且仍会感到困惑。而"正确的练习"需要有导师、有目标、有计划、有反馈。只有正确练习,才能助力我们,走向成功的阶梯。

刻意练习不是只要每天不停地练习,就会越来越出色,而是要在这个不断练习的基础上,一次比一次增加挑战,这样的练习称为刻意练习,如图 4-1 所示。

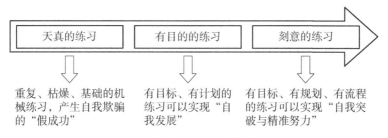

图 4-1 从"天真的练习"到"刻意的练习"

试想:如果学生每天在课上做一万遍"1+1=?",他能不能突破自己的瓶

颈,获得新的进步呢? 即使他已经对个位数加法游刃有余,他能应付几何问题吗?

同理,学习驾驶技术时如果把倒车入库练得得心应手,他就一定能熟练地完成侧方停车吗? 如果学习者不在学习状态,或者学习的内容始终在他的舒适区里,他就得不到新的挑战,无法进入最近发展区,就无法完成更加复杂的任务。学生不在学习状态,有时候也正是因为教师没有提供学生心理所需要的东西,比如学习的意义感、挑战性、效能感、获得感等。

由此可见,要在学习中通过练习和作业提升教学质量,核心在于"刻意练习"。

刻意练习主要遵循以下流程(如图 4-2 所示):制订目标→寻求导师→明确路径→高效练习→持续调整。

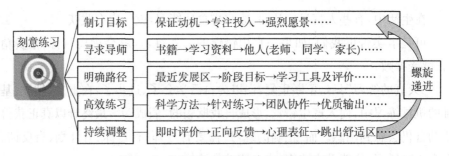

图 4-2 "刻意练习"促进学习的基本过程

明确目标:基于学生的最近发展区,给学生设计少量、精准、有实效的练习和作业,而不是一刀切的作业,更不是超出能力的练习,那样只会让学生觉得"自己很无能"。目标设计应贴合学生实际,依据学情和发展需求,找到最近发展区的内环,略高于舒适区即可。

提高专注:在学生进行作业练习的时候,应该营造良好的环境、纪律、班风、学风,培养他们高度的专注力与练习积极性,而不是带着抵触的情绪进行练习。有效学习都是学生内在自我对话的结果,而所有外在对话都是促成内在对话的手段,所以教师要给学生提供内在对话的环境和契机,无法专注与深度思考就无法促进学生的自我内在对话。

即时反馈:学生一点一滴的进步都要及时反馈给他们,只有让他们觉得这个知识已经学会了,学习已经有进步了,学生才会有继续学下去的热情和勇气。

对于学生的练习,教师要即时反馈、及时反馈,不能一拖再拖,更不能敷衍了事。即时反馈就是要给予学生效能感、获得感、信任感,让学生对学习充满信心,通过反馈和反思塑造学生的自我认知。在即时反馈的过程中,学生能找到真正被关注、被尊重、自信心、成功感和小确幸,也会更加热爱我们的课堂和所教学科。同时,学生的学习也是对教师教学的反馈,如果教师忽视了学生的表情、动作、语言、行为所蕴含的意义,忽略了课堂教学生成资源的利用,就失去了发现问题改进教学的契机,失去了促进师生教学相长的契机,于学生于教师而言都是一种损失。

专家指导:缺乏教师专业指导的练习,学生依然会摸不着头脑。在关键时刻,教师起着至关重要的指导作用,所以练习的技巧不是"设计题海作业",而是"能够精准指导"。正如即时反馈的价值一样,教师的指导就是即时反馈的策略之一,它可以帮助学生突破难关收获成功感,更重要的是它能带给师生信任感和认同感。学生在教师指导下进行新旧知识关联、重组、优化,并利用所学知识解决问题,便可以促进相互信任、积极开放的教学氛围。教师指导的过程不仅能助推学生的自我发展,还能在倾听学生的表达与疑问时,将教师带出舒适区。教师帮学生领悟知识的同时,自己也处在融会贯通的重要环节。

走出舒适:当学生做这些练习比较轻松的时候,说明需要再次走出舒适区,前往新的最近发展区,即提高练习的难度或者目标的高度,接受新的挑战。以此循环往复,从而实现由小到大、由少到多、由简到难的螺旋式提升。

只有通过这样的练习模式,才会练就一个不一样的自己,指导出不一样的学生。教师才能减少内耗,重新调整自己的练习策略和作业设计方式,以更加简单、高效的方式开展教学指导与练习,帮助学生在最近发展区里不断进步。

乐和课堂所追求的不只是分数和考试,我们应该着眼于学生的终身成长,引导学生以成长型思维、发展型眼光看待日常学习与练习,学会以正能量的视角看待挑战,通过刻意练习培养自己的学习习惯、学习方法、思维方式,塑造一个自信、自强、坚毅、阳光、有梦想的乐和学子,勇敢迎接未来不可预知的种种挑战!

无畏付出，但不要无谓付出

希腊神话里有这样一个故事：西西弗斯触犯了众神，诸神为了惩罚西西弗斯，便要求他把一块巨石推上山顶，而由于那块巨石太重了，每次刚接近山顶就会滚下山去。于是，西西弗斯就只能不断重复、永无止境地做这件事，他的生命就在这样一个既无效又无望的行动中慢慢消耗殆尽。

西西弗斯的目标是山顶，但可悲的是那块巨石永远不能被推到终点，无论他多么努力、多么勇敢、多么坚持，那块巨石一定会滚落到山下。

努力工作、努力付出当然很重要，怎么强调都不为过。很多人都在努力付出，但是这些付出大多都变成了虚无和自我感动。唯有把握好方向、找准机会的付出才是真正有价值的。

比如在现今落实"双减"政策的过程中，作业设计与实施就变得异常重要。而正是为了解决作业过多、过难、过偏导致的学生厌学、教师倦怠、家长焦虑等问题，"双减"政策才显得极其重要且有意义。

但这种焦虑本身，其实是教师在难以有效掌控学生学习状态的情况下，加之强烈的"责任心"驱使，产生的一些"做得多即做得会"的错觉。教师期望通过布置大量的作业，让学生形成所谓的条件反射，产生一种"没吃过猪肉还没见过猪跑"的自我欺骗心理，但这无疑是不科学的，甚至可能是徒劳的，这也不是乐和课堂想要追求的育人目标。

随着教学内容的加深、知识难度的加大、逻辑结构的复杂、核心素养的提升，简单的识记类作业和机械背记类作业难以促进学生的高阶思维，我们需要利用作业这一载体促进学生的自我对话、内化输出、知识建构。如果我们只想反复进行题海战术的强压式练习和填鸭式学习，那么学生始终只是在接受输入和被动学习，这将很难有效产出有价值的内容，更谈不上教学质量的稳步提升。同时，我们也不能将分数的高低和教学质量的优劣直接画等号，更不能唯分数论,这样很难促进不同层次学生的个性发展和学习内驱力。

当然,很多教师在作业布置、作业批改、作业订正等方面花费了大量的精力,这种无畏付出的精神值得赞扬与推崇,但我们更应该看到作业设计与实施的价值、意义,以及作业在知识建构、技能培养、习惯养成、素养培育上的重要作用。如果作业简单机械、枯燥乏味、重量轻质,那么就很容易导致学生产生厌烦心理和抗拒意识,进而导致家庭教育问题、师生关系问题、家校协作问题等。这种"无谓付出",不仅不能收获学生的感激与认可,还可能带来不必要的教育矛盾。

因此,设计符合不同层次学生的分层作业、个性化作业至关重要,或者说只有将多层次作业分层布置给不同的学生,让"学优生吃得好,学进生吃得饱,学困生吃得了",才能真正尊重学生的最近发展区,帮助学生实现"跳一跳就能摘到桃子"的目标,培养学生的自信心、成功感,从而爱上学科、爱上学校、爱上学习。

《大学》中说:"知止而后有定,定而后能静,静而后能安,安而后能虑,虑而后能得。"大致意思是,要了解自己的长处和短处才能确定目标,确定目标后才能心里平静,心里平静才能安稳不乱,安稳不乱才能思虑周详,思虑周详才能去实施,然后才能实现目标。

要习惯深度思考,永远不要用战术上的勤奋掩盖战略上的懒惰。如果教师在作业设计、作业实施、作业批改、作业评价等方面掌握了深度思考的能力,就可以游刃有余地掌控自己的教学进度与教学效果,建立和谐的师生关系,并通过作业这一载体促进教学质量稳步提升。反之,如果教师在作业设计与实施方面坚持老套的题海战术和填鸭训练,学生的作业量不减反增,教师的批改量不减反增,师生不仅身体疲乏,更觉心理劳累,这种身心俱疲的感受不言而喻。

"互联网+"时代已不再缺少作业资源,缺少的是发现和创造的眼睛,我们需要将时间有效利用在作业设计研究上,通过"选编、改编、创编"等不同方式设计分层作业、优化校本作业、共建作业资源等,提高工作效能与作业质量。

我们无畏付出,但别无谓付出。

少即多——作业的"减"与"不减"

众所周知,作业时间过长会导致部分学生出现睡眠不足、体能较差等问题,进而使其产生厌学情绪,缺乏创新实践的兴趣和能力,严重影响了学生身心健康发展。2021年7月,中共中央办公厅、国务院办公厅出台《关于进一步减轻义务教育阶段学生作业负担和校外培训负担的意见》(以下简称《意见》)直击作业数量过多、质量不高、功能异化等系列问题,引导教育部门、学校、教师、家长从育人的高度理性思考作业的问题。

随着"双减"政策相继出台,落实"双减"政策下的作业管理,成为受教师和家长关注的重要话题。"双减"政策实施后,是不是作业都不用布置了?布置的话,又该如何通过作业设计来提高教学质量?

作业设计是作业管理的重要组成部分,作业管理不能简单地停留于时间管理。很多教育智慧都来自一线教师,发挥全体教师的智慧是做好作业管理的重要路径。在相关政策指导下,学校对作业设计与实施进行了深度研究,以帮助学生更好地开展学习,促进其"内生增长"。

《意见》明确"全面压减作业总量和时长,减轻学生过重作业负担",由此可以明确作业本身并不是"负担"。"学而时习之",作业是巩固知识技能的重要手段;"三天不练手生",作业是检验学习效果的重要手段;"光学不练假把式",作业是拓展知识技能的重要途径;"以练促学以练促教",作业是改进教学策略的重要参考和数据指标。

长期以来,作业最大的弊病是量大而效果差,严重挤占学生课后时间,加重学生负担,给学生身心健康带来很大的伤害,还可能把学生训练成为急于完成任务的被动学习者,以致成为一名厌学者。

所谓"过重的作业负担"主要是指增加完成时间量却无法激发思维活力的重复性作业,增加师生矛盾但缺乏教育价值导向的惩罚性作业,不断巩固记忆类知识而非理解掌握类的大篇幅识记类作业,解题过程过于复杂且脱离生活的偏难怪作业等。

教育工作者应当了解布鲁姆的教学分类理论。布鲁姆把知识掌握的程度分为几个层级,依次是记忆、理解、应用、分析、综合、评价,还有人在此基础上延伸出创造。

我们仔细研究发现,可以将其分别对应为如图4-3-1所示的结构。例如在记忆层级,学生往往是为记而记,为应付而记,为完成任务而记,为考试而记,却并没有把这些知识用在真正的生活情境中,就存在"学而不用"的情况。依次往上便是学了以后想要去用,试着去用,希望通过所理解的知识去解决一些问题,或者帮助到其他同学。然后是学而会用,即可以有效地进行输出和教授他人,实现自己的学习价值,找到意义感和认同感。接着是学而能用、学而懂用、学而善用,即融合新旧知识,找到底层逻辑和内在关系,形成自己的认知体系,建构属于自己的知识意义。最后是学有所用,帮助促进学生思考学与用的关系、知识与问题的关系、技能与实践的关系、智慧与社会的关系等。

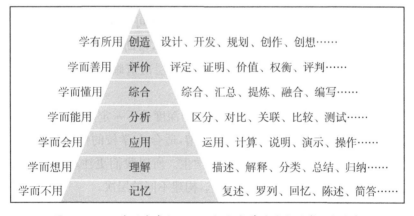

图4-3-1　基于布鲁姆认知目标分类学的乐和课堂目标分析

因此,我们需要基于对学生成长的常识性理解,基于最新的认知心理学、脑科学研究成果,基于我们教学经验的及时发现、梳理和提炼,基于学生学习和成长的发展规律,实现对作业的优化设计,从而改变学生的作业体验。

(1)管理机制促进作业品质。

学校管理部门制订作业管理机制,从时间、学科、材料均衡等方面考虑,合理规划不同年级、不同学科的作业设计,从管理层面尽量过滤"重复性、无效类

作业"。同时组织各教研组开展专题研究,认真学习作业设计,形成作业研究共同体,凝聚集体智慧,设计校本作业或生本作业,有针对性地分析作业现状,设计真正符合学生发展的个性化作业。

（2）作业质量决定思维质量。

《意见》指出:发挥作业诊断、巩固、学情分析等功能,将作业设计纳入教研体系,系统设计符合年龄特点和学习规律、体现素质教育导向的基础性作业。鼓励布置分层、弹性和个性化作业,坚决克服机械、无效作业,杜绝重复性、惩罚性作业。重复性作业会降低思维深度,变脑力劳动为体力劳动,惩罚性作业更会增加师生矛盾,激化作业情绪,机械性作业不但难以激活学生思维,还能把学生变成"听从指令"的机器。

站在育人的角度来讲,作业应尊重学生的认知发展规律、最近发展区,让学生看得见更多的桃子,跳一跳就摘得到桃子,并找到再高一点就能摘到的桃子。教师应通过作业设计为学生搭建学习台阶,不断激励学生向上向好发展,培养学生的学习积极性。

例如,我们可以结合各类作业平台数据分析找到学生的思维盲点,发现学生的真正问题,从而设计有针对性的作业练习,还可以用作业平台分析学生常错题型,并总结全班同学的共性问题和个性问题,帮助教师科学把脉,不至于盲目布置重复的一刀切作业,使作业难度适中、层次清晰,既能让学困生"吃得消",也能让学优生"吃得好"。

作业的量并不能决定思维的量,作业的深度也不一定能激发思维的深度,其最根本的原则必须是基于学情,尊重学情,适合 A 学校的作业并不一定适合 B 学校,也未必合适同年级不同班级的学生。所以我们更注重于设计分层作业,减少作业的总量,而注重分层的筛选,构建不同的层次。

（3）指导深度决定学习效度。

《意见》指出:教师要认真批改作业,及时做好反馈,加强面批讲解,认真分析学情,做好答疑辅导。对于大多数教师而言,认真批改作业是基本的职业道德和工作常态,所以我们经常看到教师们堆积如山的作业、挥洒自如的批语等。但是我们往往忽略了作业批改的目的,它不只是批出对错或优劣,更重要的是依据作业进行数据分析,找到不同学生的"真问题"和"老问题",根据学生的个性问题设计教学中的"叩问""疑问""发问""追问",并以此配合教学活动深入浅出,循循善诱引导学生从问题出发,走向事物的本质,解读文本的深层含义。

所以，作业的面批、讲解、指导，是基于作业的认真批改而来的，只有认真批改作业，才能分析到真正的数据，发现真实的问题，才能既治标更治本。

但是很多教师却往往止步于批改作业，完成批改以后不作分析，只是盲目地评价"这个孩子一直很糊涂，这个孩子习惯不好"等，事实真的如此吗？或许我们更应该进一步去分析孩子作业问题，认真进行面批和讲解，我们会发现很多时候反倒是教师自己的细节影响了作业的质量。

比如，教师板书过于潦草导致学生不会模仿所以答题不规范，教师课堂教学过于压抑导致学生发现教师写错以后也不会提醒从而一错皆错，教师对学生的作业评价单一或缺乏关爱导致学生对作业失去乐趣而敷衍了事。

所以，指导的深度决定了学习的效果，当我们认真分析作业数据，仔细反思教学细节，深度了解学生感受，构建良好师生关系，我们会发现作业的设计与指导远比想象的要复杂得多。

（4）多样作业培养多元智能。

作业设计不应仅仅停留于书面的抄写或计算等，作业的目的是在巩固、梳理、反馈的基础上发现问题、及时补救，但它同时应该具有拓展能力、开阔视野的重要价值。所以"要给学生一杯水，教师就要有一桶水"。在互联网环境下，教师拥有的可能不止一桶水，但是教师可能并不知道哪些学生缺水、他们缺多少水以及应该如何把这些水混合起来成为学生可用的水，并根据学生的需求合理分配。

所以，作业设计要注重多元视角，既要认识到书面作业的价值，也要认识到相应的利弊关系，同时也要关注实践类作业、探究类作业、创新类作业的设计。比如，让学生完成一个家庭实验，既可以促进亲子关系，也可以激发学习兴趣；让学生完成一份探究报告，既可以培养学生的探究精神，也可以关注过程性评价，更重要的是结合综合素质进行评价，给予学生更多的体验机会和成长空间。

作业可以是阅读的、聆听的、观赏的、书写的、设计的，也可以是单人自主完成的、多人协作完成的、跨班组团完成的、跨学科研究完成的。当然这对教师们的跨学科研究、跨教研组研讨等提出了更高的要求，在当前的状态下，首要前提是做好本学科的作业设计研究，尊重教材，立足学科本位。

总之，"双减"政策减的是作业的总量，不减的是质量；减的是完成作业所需的时间，不减的是学生思维发展的空间；减的是无效作业的形式，不减的是作业呈现的方式；减的是不同作业的难度，不减的是知识学习的广度；减的是惩罚性

机械性作业的无效，不减的是作业育人的实效。

因此，教师要经常反思，学生在做作业的过程中，是否巩固了知识、提升了能力、习得了方法、激发了兴趣、促进了学生的发展。教师还要高度重视作业的诊断作用，基于数据对教师的教和学生的学进行精准诊断。教师应采用面批等方式对学生进行个性诊断，实现更加高效的学习。相信通过完善作业管理制度，建立家校协同机制，改革多维评价机制，优化各类作业资源，整合区域优质作业，关注作业指导深度，重视作业育人价值，我们在"双减"政策的指导下，一定能构建和谐师生关系，形成家校教育联盟，促进学生全面发展。

我校很早就开始深入研究和设计"校本作业"，经过多年的不断研究和改进，通过"选编、改编、创编"实现了作业校本化和系列化，为学校有效推进"乐和课堂"教学改进提供了帮助，为师生更好地开展教学提供了保障，在下一篇将详细讲解"校本作业"设计研究的思考。

"校本作业"让作业更接地气

精湛的教学艺术遵循的准则就是让学生提问题。

郭沫若说过,教学的目的是培养学生自己学习,自己研究,用自己的头脑来想,用自己的眼睛看,用自己的手来做这种精神。

联系到"教学五环节"中来,作业则是其中最能培养学生自主学习、自主研究、独立思考与解决问题的重要环节。作业不仅可以帮助学生巩固和吸收课堂学习的知识,还可以帮助学生把学到的知识更好地运用在实际情境当中,不仅能锻炼学生分析问题、解决问题的能力,还能让学生更好地总结运用相关方法和技巧,在潜移默化中提高学生的综合能力。教师则可以通过作业了解学生对课堂教学知识的掌握情况,对学生的学习进行精准"把脉"。

如上篇所述,为全面推进教学改革,实施素质教育,注重因材施教,切实有效地减轻学生过重学业负担,提升教学效果,进一步推进"乐和课堂"教学改进研究,切实提高教学的针对性和有效性,促进教师业务水平提高,学校大力推行校本作业研究。

此研究从 2019 年开展至今,在多年的过程中积累了丰富的经验,形成了多个学科的系列校本作业,并在常态教学中印制使用。

我们特别强调,校本作业设计与制作应遵循以下五个原则。

教材本位原则:校本作业制订需遵循教材本位原则,立足学科教材,以教材为核心开展研究和设计,关注校本作业设计中的核心价值观培养、学科核心素养培育以及学科育人价值提升。

基于标准原则:遵循任教学科课程标准相关要求,对知识技能、过程方法等需要达到的目标有明确定位,严格基于课程标准开展校本作业设计,有效辅助课堂教学,提升教育教学质量。

关注学情原则:遵循认知规律,关注本校、本年级、本班学生的实际学情,基

于学生的认知心理发展现状及大部分学生的最近发展区所具有的知识技能水平,设计具有一定层次的校本作业,帮助学生在已有知识意义上有效建构新的知识技能,逐步提升学生综合能力。

保质保量原则:相关备课组结合共生式备课,按照课程标准和学科教学基本要求设计校本作业,保证每课时、每章节校本作业设计到位,确保校本作业具有针对性、有效性、趣味性等,切实有效推进校本作业保质保量完成。

多元合一原则:将多种工作有效整合,在已有工作中创新并深入挖掘优质资源,结合学校已有的预学导学案,联盟、学区、帮扶结对优质资源等,有效整合,多元合一,将工作落到实处,将效能提到高处,将消耗降到低处。

在研究过程中,我们特别关注校本作业的设计与实施紧密结合,作业设计需要结合教学常态,即设计出来的校本作业需整合以前的预学导学案、联盟或学区提供的各类优质资源,设计出来的各课时校本作业需与课堂教学有效匹配,在常态课教学中有效实施,在实施过程中关注实效性、针对性、简便性等,切实保障工作推进。

校本作业设计需结合乐和课堂教学改进,辅助乐和课堂教学研究。基于已有资源进行优化设计并引入优质资源,同时结合量化考评、师生互评等原则,留出适当区域给师生进行交流互评、量化考评及个性化错题设计。

校本作业设计难度要适中,兼顾不同层次学生,关注全体合理分层,让每个层次的同学都能体验到成功感。更要关注学困生的学习需求,要立足于大多数学生的总体学习水平,也要充分考虑不同学生的知识技能积淀以及本年级学生存在的共性问题和个性问题。

作业设计要尽可能做到有梯度、有区分、有趣味,对不同学生提出不同要求,多层次有弹性。校本作业设计需要结合单元设计理念和教学设计资源,注重前延后续和课程统整,关注知识技能的阶段训练及前后逻辑关系。在相同时段内适应不同基础的学生,依据课程标准进行结构化分层次重组设计,向上承接课程目标,向下衔接课时教学,使校本作业具有传递性、结构性、可二次开发性等。

在校本作业研究与实施过程中,学校实行三级管理,即备课组、教研组、教导处协同管理,将校本作业设计与备课组、教研组常规工作有机融合,成为集体备课、备课组活动、教研组研讨活动的重要内容;加强校本作业编制的管理,确保校本作业与课程标准基本要求有效匹配;促进备课的丰富性、多元性、优质性,在收集整理校本作业的同时,促进共生备课资源的丰富和完善;加强校本作业使用的管理,确保校本作业与乐和课堂教学改进紧密结合。

校本作业的实施旨在深化乐和课堂教学改进,促进乐和课堂教学模式推进,提升教师命题设计、教学设计与作业辅导业务水平,使教育教学更具针对性和实效性,从而真正做到减负增效。因此校本作业的使用应与乐和课堂教学紧密结合,在常态课中进行应用和实践,总结有效的经验和做法,找到重难点问题或瓶颈,从而在实践过程中不断改进和完善。

此外,我们还制订了校本作业评价的方法,确保校本作业与教学业务工作绩效捆绑考核。将校本作业实施与共生备课等融合,作为教师教学工作、业务水平、工作绩效、考核评优的其中一项考核指标,促进教师从备课、上课到作业辅导的有效贯通,帮助教师高位一体地看待教学全过程,真正提升教师的业务水平。

表4-3-1 "乐和课堂"校本作业评价表

一级指标	二级指标	自评 (0—10)	组评 (0—10)
科学性	1. 按照课程标准和基本要求进行编制		
	2. 注重逻辑的严密性和知识的系统性、连续性		
	3. 练习题目基于学情,不超纲,没有偏难怪现象		
过程性	4. 作业层次清晰,结构合理,板块明晰		
	5. 注重过程性评价,能有效检测学习效果		
	6. 注重差异性,能呈现共性问题和个性问题		
规范性	7. 统一规定格式,按照要求个性化设计		
	8. 体现学科特色或基础的页眉、页脚或封面		
	9. 规范化、常态化使用,有相应的学生数据积累		
适用性	10. 校本作业具有推广性和普适性,易于使用、编辑和优化,易于装订存档		

(表头:"乐和课堂"校本作业评价表)

每学期,各备课组都会进行校本作业与共生备课情况的自查,以供教导处进行抽查。检测指标主要包括:是否按照课标设计课时目录? 每课时是否有公共教案? 每教案是否匹配校本作业? 校本作业是否符合要求? 校本作业是否

简单易用？校本作业是否常态化应用？

　　校本作业设计与实施需要"以人为本"，基于校情和学情，站在全年级不同层次学生的角度进行，不得设计脱离学情、盲目拔高的练习和任务；需要以"教材为本"，基于教材、课标、单元设计指南等进行，不得盲目搜题，直接借用教辅资料或外校资源，需基于单元设计指南，凸显学校特色和本土文化；需要以"质量为本"，重在个性化设计，提升教学质量，助推学校整体教学水平，不得出现难易度错乱、知识层级不符、考点无法匹配等问题；需要以"增效为本"，作业设计不是增负而是增效，应将作业效能放在设计首位，不得大批量设计练习，让学生花大量时间做重复的练习，应进行归类整理，找到共性问题和个性问题，将共性问题纳入校本作业中分层设计，个性问题纳入"错题拓展"中个性化设计。

　　只有切实研究和落实校本作业设计，才能真正将作业与评价反馈有效结合，提高教育教学质量，助推"乐和课堂"教学改进研究。

"分层作业"让作业更加精准

在新课程背景下,教育强调面向全体学生,提高课堂效率,更好地应用课堂生成,帮助学生培养良好学习习惯,提高课堂教学质量。课堂练习与课后作业在教学中具有巩固知识、强化技能、培养思维等重要作用,它让知识建构更具意义和价值。

基于在线课程平台可以有效设计分层作业,使作业更具针对性、延展性、层次性,数学、物理研究组从多个角度和层面进行练习设计,借助各类作业管理平台有效实现了个性化作业设计与实施。教师主要从以下几个"度"进行研究:

(1)同类题目推送,让练习有精度。

在每节课的自学内容后设计一个同步习题,当完成作业时,会及时进行结果反馈和解析,学生在解题过程中得到的不仅是答案更是思路。同时系统推送自适应作业,针对错误知识点进行强化练习,帮助不同学生解决不同问题,有助于学生自主建构知识,这种作业是自主的、个性化的,符合学生的学习内需。

(2)多重随机结构,让练习有广度。

结合数学、物理学科特性及公式练习需要,在线作业均按照知识点和课时进行匹配,每次随机调出题库里的 10 个习题,可能题干相同但题号和选项会有所变化,且没有提示,因此学生无法靠记答案来解题。

公式与计算题怎么办?为此我们引入了随机变量习题设计思路(如图 4-4-1 所示),就是让题目里的关键数字在一个规定范围内随机变化,参考答案也会随题目的变化而变化,答案的顺序也会不断随机变换,从而使作业"随机应变"却又"万变不离其宗"。

随机变量习题设计思路,并不指向一个确定的数值或选项,它最终引导学生习得的是方法和过程,这样的作业设计策略只能依靠在线作业平台和混合式教学模式方能体现其价值。

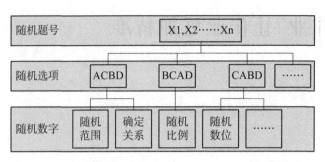

图4-4-1 包含随机关键数值的习题设计策略结构图

（3）分层作业设计，让学习有梯度。

对于每个知识点的作业，教师根据难度进行分层，学生在练习时可根据自身情况选择对应作业。不同学生对学习的掌握效果不同，因此我们不能一刀切地让所有学生完成同样的作业，分层作业可以实现"学困生吃得消，学进生吃得饱，学优生吃得好"的目标。

（4）多种对战机制，让作业有热度。

为了让作业有趣味性、竞技性、互动性，教师新增了线上对战机制。学生可以人机对战、多人对战，通过小游戏一样的习题对战，学生可以结识各种学习伙伴，让一个人的作业变成人机交互、生生交互，增添学习乐趣，提升学习效率。我们通过长期观察与研究发现，这样的策略很好地激发和调动了大部分学生的学习热情，他们非常热衷于人机对战和两人对战。

同时，我们也需要注意"利用在线教学策略"与"保护学生身心健康"两者之间的平衡，即通过家校共育等手段监控学生的使用时长，注意保护学生视力，预防学生长时间使用电子设备或借用线上学习的理由进行其他非学习类活动，防止学生沉迷网络。

分层作业环节分别按"江湖新秀、武林高手、华山论剑、世外高人"几层设计作业，难度逐层提高，题量逐层减少。题目搭配各种形象的图片、漫画等，让学生完成作业的过程变得轻松、快乐。课后教师基于作业数据给学生分享更多优质资源，发布自适应习题，发动家长通过即时通信工具等将学生在家的背记、作业情况进行即时反馈。不同学生可以利用不同设备进行个性化学习，形成不同的进度与数据，为师生教学提供切实有效的数据实证。

上述情景是基于在线作业平台进行的分层作业自适应匹配功能，它是数字时代技术赋能作业实施的有效尝试，也是我们一直在深度研究的策略之一。

此外，在校本作业设计的过程中，我们同样重视分层作业的设计与应用。在学生发展过程中，由于受到智力因素、非智力因素及社会环境等影响，个人的发展存在不同差异，心理学称之为"个体差异"。作业设计必须面向全体学生，同时考虑个体差异，开发其潜能，促进其发展。同样的作业量及难度对不同学生产生的负荷是不同的，统一的作业要求与学生的个别差异之间存在矛盾与联系，阻碍了各种不同层次和类型学生的发展，因此要为不同学生设计不同总量及难度的作业。

对应我们"三三四原则"的则是"目标分层、作业分阶"，我们根据学生的基础能力、学习态度和个人意愿等，将学生分成不同的学习小组，可以是同质分组，也可以是异质分组。这样分组的目的是让学生进行合理定位，了解自己的真实水平，同时也能获悉其他同学的基本情况，便于同学间相互学习与交流。我们还会把作业设置成多层次、多梯度的选择性作业，让不同水平的学生自主选择，或者根据不同层次学生的能力进行合理分配，通过"星级"提示学生挑战不同目标，比如"★（容易）、★★（一般）、★★★（较难）"，实现"人人能练习、人人会练习、人人能成功"，使每一层次学生都得到发展与成长。

同时，我们的作业设计也反复强调激发学生思维，开拓学生思维，延展学生思维，注重培养学生的思维品质，通过作业培养学生的合作精神和合作能力，"基础过关练→强化巩固练→拓展提升练→培优荣誉练"等板块使作业充满趣味与挑战，难度越小的题干越简洁且题量越多，反之难度越大的题干越复杂但题量较少，让学生把作业时间用在真正的思维训练而不是机械重复的体力劳动上。

最后，我们反复强调分层作业不能"一刀切"，应该客观分析学生的作业数据，结合当前的教学内容，有目标、有计划、有逻辑地推进作业设计与实施。比如学生在对新学知识仍不熟悉的阶段，我们就需要多设计一些有趣的、符合生活实际的、基础巩固性的情境类作业，让学生看得见、想得到、做得来。但如果是在单元教学结束、学生需阶段巩固和强化时，我们就会加入一定比例的情境分析、描述解释、逻辑推理等作业，强调学生的综合应用能力和高阶思维。当然，开放探究性作业重在学生能参与、愿参与，结合自身学习的情况完成不同层次的题目，层层递进，逐个攻破。

同时，分层作业也要分层评价，我们要基于学生的最近发展区、作业态度、作业习惯、书写规范等开展评价，在后面的章节中我们会讲到"荣誉争章"评价

细则,其中就包括作业评价细则。

　　分层作业设计,不仅可以使学生巩固所学知识和技能,更重要的是让学生在做题过程中学会解决问题的方法,体会成功的快乐,逐步培养学生的"情感、态度、价值观",塑造拥有健全人格的人。

"生本作业"让作业更有"生"气

作业具有诊断评价、反馈学情、锻炼思维、培养习惯、培育素养等多种功能。作业可以帮助学生巩固和吸收所学知识,把知识运用在实际情境当中。作业能锻炼学生分析问题、解决问题的能力,让学生更好地总结运用相关方法和技巧,在潜移默化中提高学生的综合能力。

作业是对课堂教学的有效延伸,是对课堂学习的巩固和深化,是学生课外学习的重要手段,是科学的反馈途径,是学习输出的过程,是再学习再理解的过程,也是不断自我练习的过程,所有学习的落地和实践都需要不断练习,作业是自我内化与自我成长的重要途径。

但在日常教学中,我们经常看到忽视学情差异的"一刀切作业",统一布置、统一内容、统一难度、统一讲解,且内容重复,多为机械训练、题海战术。这让学生的学习主动性和作业兴趣陡然下降,特别是在临近各类考试阶段,此现象更加明显。

"因材施教"地布置作业,才更有利于学生的个性发展,"双减"政策更是为作业设计与实施提出新的要求,为此我们提出基于差异化教学的生本作业设计理念。

差异化教学是指教师基于每个学生的学情差异,有的放矢地进行因材施教,使每个学生都能扬长补短,突破最近发展区,获得进步与发展的教学活动。生本作业是指从学生的角度出发,基于学生的学习数据,以每个学生的发展为本,设计出符合学生需求和最近发展区的作业。

因此,如何基于学生差异和数据实证设计"真作业",是"生本"之本。

我们设计开发了在线生本作业系统,基于考前专项练习开展研究。我们结合常态练习,对各类习题进行知识分类、定义标签、分题录入、改编创编,从而形成基于学情的生本作业资源库,然后对相关练习进行趣味化、个性化、开放化设

计,使作业真正焕发"生本"光彩,该模式如图4-5-1所示。

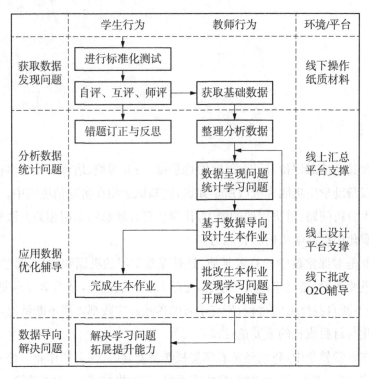

	学生行为	教师行为	环境/平台
获取数据发现问题	进行标准化测试 自评、互评、师评	获取基础数据	线下操作 纸质材料
分析数据统计问题	错题订正与反思	整理分析数据 数据呈现问题 统计学习问题	线上汇总 平台支撑
应用数据优化辅导	完成生本作业	基于数据导向 设计生本作业 批改生本作业 发现学习问题 开展个别辅导	线上设计 平台支撑 线下批改 O2O辅导
数据导向解决问题	解决学习问题 拓展提升能力		

图4-5-1 生本作业设计流程图

1. 数据获取与学情分析

根据生本作业设计流程,首先进行练习诊断,再将每个学生的错题号统计到作业平台中,教师可以分析学生错误原因、主要错误知识点,合理进行归类分析。基于数据交叉列表分析统计,可以发现每道题错误的学生以及单个学生错误的题目,分析出共性问题和个性问题,从而帮助教师精准把脉,精讲解析。

2. 基于"刻意练习"的"生本作业"设计理念

无论是线上教学还是线下教学,学生对知识的理解因学习习惯、学习方法、学情差异,必然存在疏漏、遗忘等不同现象,从而呈现学习差异明显、两极分化等问题。"刻意练习"模型则可以帮助学生专项练习,破解疑难,打破舒适区,逐步减小两极分化。

"刻意练习"模型即通过"制订目标→专注投入→正向反馈→打破舒适→心理表征"等环节,引导学生不断开展有目的的练习,通过短时间内适量专项练习逐渐掌握知识点,在及时获得正反馈的同时,跳出自己的舒适区,适应新的最近发展区。

(1)"选编＋手动分类组题"的生本作业设计。

初期,我们基于数据分析,将错得最多的题目进行罗列,同时将涉及相关错题的学生分为不同的作业小组,从而减少对每个学生进行作业设计的重复工作。这些作业不同于"分层作业",因为生本作业是针对学生错误知识进行分组设计,而常见的分层作业是教师根据对学生的主观判断进行分层,再匹配3至4个难度层级的作业,这两个作业的设计理念是完全不同的。

我们所研究的生本作业设计流程如图4-5-2所示。

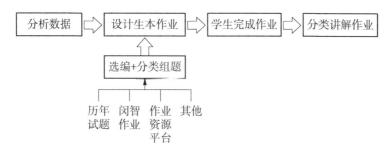

图4-5-2 "选编＋手动分类组题"的生本作业设计模型

作业资源主要来源于历年试题、闵智作业、作业资源平台等,互联网上的作业资源数量多、类目多、格式多,虽然为选编练习带来了大量资源,但选编时受到格式和其他因素影响,制作耗时耗力。这种模式的优点是按学生错误进行知识分类,并根据知识设计专项作业,体现差异化。不足之处在于只关注同类知识的群体,无法顾及个体的差异化学习需求,而且每次生本作业都需要再搜索、再组题、再设计,工作量相对繁杂,无疑给教师教学增加了许多额外压力,不适合长期多次设计。

(2)"改编＋单题自动匹配"的生本作业设计。

基于上述问题,我们对生本作业设计模式进行了优化。首先结合相关知识点,通过"选编＋改编"批量改编与录入练习,每个知识点录入近百个对症练习,而且选题范围也集中在历年试题和区域在线作业平台的题目中,旨在强化练习的质量而非数量,重视作业的精度而非广度,其设计模式如图4-5-3所示。

通过分题型、分知识点、分难度的在线设计后,每个学生将基于"数据"获得个性化的"生本作业",这份"生本作业"是基于客观"数据"的,是符合同类难度

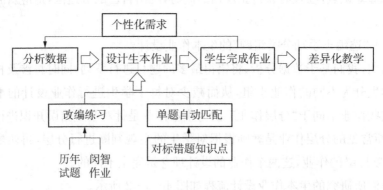

图4-5-3 "改编＋单题自动匹配"的生本作业设计模型

与知识点定位的,是紧紧围绕学科考核要求与认知规律的,是体现生本定位和个性需求的,是具有实际应用价值的"真作业"。

学生后台会呈现错题数据,当学生点击题号时,系统自动为学生随机匹配8~10道针对性的单选练习题。有趣的是,我们对这些原题进行了大量的改编,网上很难搜索到答案,如此以确保学生完成作业的过程是独立思维的过程,且保证满足学生少量个性化需求。更有趣的是,每次刷新的练习题顺序是随机的,选项也是随机的。每次刷新页面后,系统会重新提取练习题,重新分配选项位置。这给学生的练习带来直接挑战,他们无法通过背记答案来完成生本作业,只有通过理解来通关。

这种模式的优点在于重视学生个性化需求,按每个学生错误知识点自动匹配练习题,并随机生成,避免学生背记答案和相互传阅,促使学生发问与理解,同时也减少了教师手动组题的工作。这种模式的不足之处在于学生可以靠排除法或猜测答题,而且未保留思维痕迹,虽然促进了深度差异化教学,但是缺乏综合性和过程性。

(3)"创编＋全套自动匹配"的生本作业设计。

基于前两种作业设计模式以及学生纸笔答题习惯,我们经过多番测试,推出了第三种作业设计模式(如图4-5-4所示)。它在第二种模式的基础上设计了"全套自动匹配＋排列错题"功能,只要点击"打印"按钮便可以自动匹配相关知识点,自动从题库里提取5道同类习题,保留解题书写区域。教师可以将作业批量保存为PDF发放给学生,也可以将作业直接打印出来供学生练习。

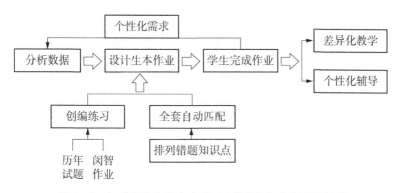

图 4-5-4 "创编＋全套自动匹配"的生本作业设计模型

这样的生本作业基于学生的个性数据,符合学生的个性发展,解决学生的个性问题,培养学生勇于挑战、举一反三的能力。该模式的优点在于精准定位、科学把脉,重视学生个性化需求,全程自动匹配,随机生成,叫呈现思维痕迹,促使学生主动发问,促进师生交互,更有利于开展差异化教学与个性化辅导。

以上三种模式分别实现了"差异化教学""深度差异化教学"以及"深度综合差异化教学",层层递进,不断迭代,符合多种生本作业设计需求。

自启动生本作业研究以来,学生感受到了生本作业的价值和意义。师生交互更加频繁,问题更具针对性,而且不同学生提出的问题各不相同,如此不仅尊重了学生差异,而且促进了个性化辅导。

（1）促进教学方式转变。

生本作业的实施,将"师讲生听、师问生答"的被动学习转变为"生问师答、生学师导"的主动学习,教师真正成了学生学习的帮助者、组织者、引导者。师生通过多种手段开展差异化教学和个性化辅导,交互的频度、深度、难度显著增强,解决了大量真问题、老问题,真正促进学生发展。

（2）促进"以人为本"差异化教学的落实。

生本作业可以帮助师生基于问题开展差异化教学与个性化辅导,教师的教和学生的学都基于"真问题",而学生的作业也是"真作业",真正落实了"以人为本"的教育理念。

（3）促进学生个性发展。

生本作业基于刻意练习、最近发展区、学习金字塔等多种理论,符合认知规律和教学需求,具有很好的应用价值。大量数据实证,生本作业可以帮助学生

进行刻意练习,促进因材施教,避免作业一刀切、讲评一言堂,有效促进不同层次学生的个性化发展。

生本作业设计模式是教育数字化转型大背景下的创新探索,我们将作业设计、作业实施、作业评价相整合,将差异化教学与个性化辅导相融合,将线上与线下相结合,具有很好的研究和参考价值。

各学段、各学科教师可基于学情,因地制宜,因材施教,根据学生的个性和能力,设计符合学生发展需求的作业,要尽可能多样化、趣味化、生活化、开放化,调动学生学习积极性,拓宽学生学习空间,丰富学生情感体验,促进学生持续发展。

第五章

以评促学　以评促教

黑格尔说："每一个人都是　个整体，本身就是世界。"

苏霍姆林斯基说："教育是人与人心灵最微妙的相互接触。"

也许教师不经意的一句轻描淡写的鼓励、一个简单的动作、一个随意的暗示，都会给学生留下难忘的印记，从而走进学生的心里。因此，我们认为，带着爱与正能量的评价，是教师最重要的情感和精神因素，是一个教师从事教育教学工作最基本的环节和条件。

每个孩子就是一个世界，他们都是独一无二的，都应该得到教师发自内心的关爱。我们愿意把爱传递给每一个孩子，让他们对生活和未来充满信心。我国著名的教育家陶行知先生说过："学生虽然在个性特点、学习成绩等方面有所不同，但在教师眼里，地位应该是平等的。"

所以，作为一名教师，必须让每个生命都拥有阳光，把爱洒向每个学生，一视同仁，公正地对待每一个学生，把特别的爱给特殊的学生。

学习评价与学生的学习、教师的教学密切相关。它既可以检验和了解学生的学习过程和学习效果，也可以反馈教师教的过程和教的效果。通过评价，学生可以了解自己在学习过程中存在的问题，及时改进不足之处，调整学习策略，提高学习效率。教师可以及时改进教学方法，调整教学策略，促进学生发展。评价对于学生的学习、教师的教学都有相当重要的作用。

学生是学习的主体，评价应该以学生的综合能力发展为出发点，学习评价要能促进学生的学习、教师的教学。在评价中主要参考以下几种原则。

方向性原则:学习评价能引导学生学习的方向,具有重要的指导作用。学习评价要促进学生的发展,为学生的发展服务,这是方向性原则的核心。要促进学生的发展,必须考虑到学生发展的各种因素,包括智力因素和非智力因素。评价要帮助学生树立成功的信心,有利于开启学生心智,有利于培养学生良好的学习习惯、学习方法、学习兴趣和学习毅力。评价要有利于学生发现问题,通过信息反馈,更好地促进学生学习和教师教学。

全面性原则:评价要紧扣教学大纲和课程标准,紧扣教学目标,全面客观科学地反映教学状况。评价不全面必将导致教学的不全面,因此我们的评价既要评价学习结果,也要评价学习过程;既要评价课堂内的学习,也要评价课堂外的运用。

过程性原则:学习不但要看重结果,更要看重过程,评价作为促进学生学习发展的工具,要始终贯穿在学生学习的过程中。要尽可能评价预习、上课、作业、交流、活动等,要充分利用形成性评价、诊断性评价和总结性评价的不同功能,为学生的学习提供各种不同的服务。

当然,除了上述三种评价原则,还有其他的原则可供参考。新时期的评价方式已经整合了教育技术应用、线上线下融合、师生家庭融合、同步异步融合、纸质数字融合等。在新媒体新技术辅助的时代,教师更要学会利用不同的方式、不同的平台、不同的策略开展教学评价,帮助学生客观、科学地认识自己,不断反思和促进内生增长。

综上所述,正确地评价学生的学习,不能只用单一的评价方法,要综合利用各种评价方法,科学全面地评价,从而实现以评促学、以评促教、以评促优的评价目的。

ABC 理论下的乐和课堂评价思考

教师讲解了几遍以后，学生依然懵懵懂懂，该如何处理？

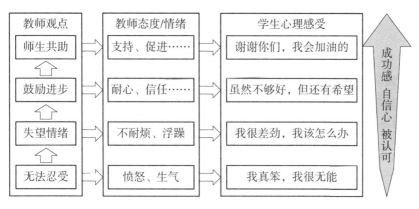

图 5-1-1　从教师观点到学生心理感受的示意图

如图 5-1-1 所示，如果教师选择无法忍受的观点，进而对学生表达出愤怒、生气的情绪，便暗示了学生的无能，学生的成功感、自信心就会被挫伤，导致破罐子破摔，自暴自弃。如果教师逐层向上，选择鼓励进步、师生共助，让学生感受到教师的耐心和信任，以及同学的支持和鼓励，学生就会感受到教室里充满浓浓的师生情谊和同学友情，在这些积极向上的情感影响下，学生的学习热情和面对挫折的决心将变得更加强烈，也更能满足其被认可欲，从而提升自信心与成功感，最终提高学生的学习效能，提升教学质量。

我们要在日常教学中注入促人改变的"认知—行为—情感"三驾马车的概念，帮助学生建立正能量的反馈机制，改善教学氛围，提升师生沟通质量，促进师生交互、生生交互。在小组内互帮互助、互相学习、互相反馈，就能真正促进"乐教、乐学、乐研、乐问、乐思、乐享"的"乐和课堂"教学氛围的形成。

不难发现，面对教学中的难题和教学管理挑战，教师最终的行为并不直接

取决于事情本身,而是取决于其对待学生的态度和对于事情的理解。

情绪 ABC 理论认为事件 A(Accident)只是引发个人情绪和行为 C (Consequence)的间接原因,而引起行为 C 的直接原因是个体对事件 A 的认知和信念 B(Belief),即人的消极情绪和行为障碍不是由于某一事件直接引发的,而是由于经受这一事件的个体对它不正确的认知和评价所产生的错误信念引起,如图 5-1-2 所示。

图 5-1-2 ABC 理论模型图

错误信念也被称为非理性信念,它与教师对学生的主观情感有关。例如,同一个教师会对不同的学生产生不同的情感倾向,似乎对学优生有天然的好感,而对学困生却容易感到排斥;或者不同的教师对同一个学生也会产生不同的情感,有的教师对学困生视若无睹,有的教师却可以时刻关注学困生的发展;甚至同一教师在不同的时间段也可能产生不同的情感表达,如考前师生压力大的时候,教师更容易显得焦虑和易怒,而在开放性活动或趣味游戏中却与学生显得亲密无间。

"横看成岭侧成峰,远近高低各不同。不识庐山真面目,只缘身在此山中。"《题西林壁》告诉我们的道理是:我们在观察事物的时候,要从不同的角度看待问题,因为"当局者迷,旁观者清",换个角度和思考方式,就会有不同的结果,只有这样我们才能全面看清问题症结。同理,我们在对待人和事的时候,也要从多个角度进行思考。由于人们所处的位置不同,看问题的出发点不同,对客观事物的认识难免有一定的片面性,所产生的情感态度也会各不相同。我们要想认识事物的真相与全貌,就必须超越狭小的范围,摆脱主观成见。特别是在师生交流的时候,我们一个小小的动作、一句不经意的责骂,都可能产生不同的教育效果。

联系我们日常生活与工作,对待我们的孩子,对待我们的亲人,对待我们的学生,我们是否意识到"ABC 理论"的重要性?是否注意到"以学定评、以学定教"的价值所在?

当我们在教学中遇到类似刺激情绪容易上火的事件时,可以先深呼吸 5 秒,让血液流过"情绪脑"到达"理智脑",想想还有没有什么更加理性的策略,弱化自己的权威性,强化学生的主体性,寻求其他学生的帮助,为我们的教学提供更多有价值的参考。

吴泾中学的教师始终坚持不忽视每一个学生,不抛弃每一个孩子,认真钻研课堂教学改进,共建在线课程资源,完善课堂教学方式,深入探索教学模式,带给学生轻松愉悦、多元交互、快乐和谐的教学感受,让每一个学生懂得体会学习的快乐,学会分享学习的快乐,善于发掘学习的快乐,师生教学相长,课堂氛围和谐,教学成效显著,真正体现了"乐和课堂"教学改进的实效。

管住心中的"野马"，让课堂更加"乐和"

非洲草原上有一种吸血蝙蝠，常叮在野马的腿上吸血，它们依靠吸食其他动物的血生存。不管野马怎样暴怒、狂奔，就是拿这个"小家伙"没办法，它们可以从容地吸饱再离开，而不少野马却被活活折磨死。动物学家发现吸血蝙蝠所吸的血量极少，远不足以使野马死去，野马真正的死因是暴怒和狂奔，这就是著名的野马效应。

野马效应指的是因芝麻小事而大动肝火，以致因别人的过失而伤害自己的现象。对于野马来说，吸血蝙蝠只是一种外界的挑战、一种外因，而野马对这一外因的剧烈情绪反应才是它死亡的最直接原因。

在日常生活中，我们面对着许多事情和评价，常常容易身陷其中。对于面前的鲜花和泥巴，是满身泥巴无处诉苦，还是用泥巴种鲜花，只在于自己的选择罢了。遇到不顺心的事，若不能宽容待之，导致一时情绪激动，甚至暴跳如雷，大发脾气，会严重危害自身健康。因此，人们把因芝麻小事而大动肝火，以致因别人的过失而伤害自己的现象，也称之为"野马结局"。

弱者任思绪控制行为，强者让行为控制思绪。

当我们情绪失控的时候不妨想一想，不要因为生活中10%的不可控，而毁了自己90%可控的人生。特别是在日常教学中，我们可能听到某某教师因为"批评、责骂"甚至只是一点点眼神所透露的情绪，就导致各种各样的同事纠纷、师生矛盾、家校矛盾，甚至演变成一发不可收拾的局面，这值得我们深思。

难道这意味着，我们要对学生不如人意甚至错误的事情"视若无睹、置若罔闻"吗？难道我们要选择少做少错、不做不错吗？难道我们要做一个"佛系教师"吗？

当然不是，我们在愤怒或失望的情况下很难理智思考，很可能会对学生做出语言攻击或责骂行为，这些对学生来说都是非常可怕的伤害，也会在学生心中留下深深的创伤。教师要能够控制自己的情绪,客观表达对学生的情感,合理描述和分析事情发展的利弊关系,同时引导学生客观表达问题、宣泄情绪、思考策略。

教师应该知道学生需要有自己的人生,不要强迫其按照自己的思维去做事。教师应端正自己的教育观念,多吸取新鲜、科学的教育观念。缺乏自我认同感的教师无法正确地实施教育,自己没有自信也会在生活中对学生产生消极的影响。教师不要盲目教育学生,要考虑学生的实际情况,避免产生教育偏差,避免无效说教等。

如果学生的行为真的惹人生气,教师可以先深呼吸5秒钟,思考一下"我准备跟他说什么? 我想要达到什么样的教育效果? 解决这个问题的根源在哪里?"也可以通过启发式教学引导学生自问自答,找到解决问题的办法,并帮助学生从情感上获得意义感、效能感、成功感和归属感。

所以,当负面情绪即将爆发的时候,教师应学会拉自己一把,告诉自己:先等等。久而久之,当等待成为习惯,我们遇事时就会变得冷静,教育效果也会呈指数增长,师生关系也将更加和谐,教育教学也将变得更加快乐。

我们要清醒地认识教育教学既是技术更是艺术,既然问题已经发生了,我们为什么不积极面对思考教育策略,反而要让"野马狂奔"呢?

我们应该始终保持积极向上、乐观豁达、直面挫折、开放自然的心境。学生犯错不可怕,可怕的是我们因此而失去对教学的热爱,失去对学生的关爱。我们要学会坦然地面对生活中的不如意,避免"野马效应"和"野马结局",活成三尺讲台上"更加自由、充满个性"的"乐和教师"。

"以评促学"助推"乐和课堂"有效落实

仔细观察图5-3-1的两幅图片,可以看到什么?

有没有发现,当我们的注意力在黑色区域时所看到的图像,与注意力在白色背景时所看到的图像是不一样的。

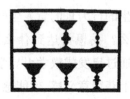

图5-3-1　注意力测试图

换言之,在生活或工作中,我们经常于不经意间被"情绪脑"左右,被所谓的"直觉"影响。

《思考,快与慢》一书中描述了大脑中的两套系统,即系统1和系统2。系统1的运行是无意识的且快速的,不怎么消耗脑力,没有感觉,完全处于自主控制状态。系统2将注意力转移到需要费脑力的大脑活动上来,例如复杂的运算、深入的阅读。系统2的运行通畅与行为、选择和专注等主观体验相关联。

当我们只用一个系统去思考问题时,我们往往只关注了片面的内容,对事物的评价也是片面的。延伸到我们的教育教学中,在面对师生交流与教学评价时,我们就容易重视对我们有利而非对学生有益的部分,并且主动屏蔽那些对我们不利的方面,而这样的教育是缺乏全面性和深度的,更谈不上优质高效。

陶行知说:"你的教鞭下有瓦特,你的冷眼里有牛顿,你的讥笑中有爱迪生"。

同样,我们想说"你的评价里,有爱因斯坦,也有莎士比亚……"

所以,我们不妨换一种角度、换一种眼光来看待教学中的得与失、成与败,同时更加积极与真诚地期望学生、信任学生、鼓励学生、支持学生,相信我们会有新的发现。

在教育评价中,我们必须重视及时反馈与二级反馈的重要性。零级反馈,是延迟反馈或者不反馈。比如学生表现得好,教师要及时反馈,及时进行表扬和鼓励,不能只是默默放在心里不作回应,这容易打击学生的积极性。一级反馈比零级反馈更进一步,就是在学生行动之后及时表扬和评价,但仅仅只是肯定,略显空洞。所以二级反馈就是在一级反馈的基础上再进一步,不仅要及时评价,还要给他描述具体的理由,甚至可以说明你对他的期望。

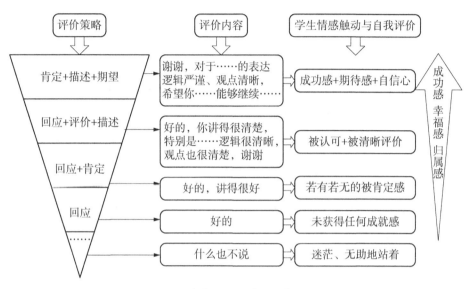

图 5-3-2　评价策略促进学生自我评价的示意图

心理学家阿德勒指出,我们需要"用他人的眼睛去看,用他人的耳朵去听,用他人的心去感受。当学生表现积极、收获成功、发现问题、贡献知识的时候,教师不仅要及时表扬和赞赏,更要清晰描述好在哪里,只有这样学生才能够真切地感受到教师对自己的认可,明白自己做这件事的意义,就会继续朝这个方向发展,从而获得不断成长的动力。

"亲其师,信其道。"如果教师在教学管理中坚持刻意练习,减少对"闭嘴、真烦、傻不傻、笨到家了、你带脑子了吗"等负面评价,而积极使用"肯定＋事实＋期望"的多级反馈模式,一定能够促进师生关系快乐、开放、平等、和谐、互助、协作,从而让学生爱上我们的"乐和课堂",喜欢我们任教的学科,不断促进教学相长,进而提升教学质量,实现立德树人根本目标!

七彩争章开启七彩"乐和人生"

陶行知曾说:"要解放孩子的头脑、双手、脚、空间、时间,使他们充分得到自由的生活,从自由的生活中得到真正的教育。"教学艺术的本质不只在于传授知识,更在于激励、唤醒,让学生获得积极的体验。只要我们用放大镜来看学生的亮点,用欣赏的目光看待学生的进步,学生的积极性就会高涨,成功感也会由此而膨胀。但大多时候家长和教师总是习惯于替学生包揽一切,恨不得把自己的思维套用到他们的身上,却从来没有想过自己的人生经验对学生是否有用,学生应该有自己的思维方式和表达方式。一切为了孩子的成长与发展,应该是家长和教师教育的出发点和落脚点。

陶行知认为,学生虽然在个性特点、学习成绩等诸多方面有所不同,但在教师眼里地位应该是平等的。因此,作为教师,必须让每个生命都拥有阳光,把爱洒向每一个学生,一视同仁,公正对待每一个学生。

每个人总是以他人为镜来认识自己的,也就是说,人们总是根据他人对自己的评价和期望来认识自己的长短优劣之处。如果他人对自己的期望和评价较低,特别是较有权威的人士(如父母、教师)对自己过低的期望和评价,就会影响其本人对自己的正确认识,导致对自己的低估。有不少学生之所以缺乏自信,有较强的自卑感,往往是因为与父母、教师、社会舆论等非正向评价有关。当他们面临某种情况和活动,感到信心不足、心情紧张时,往往更难完成任务或达到更高的目标,这也是为什么一些学困生经常在作业完成、考试测评时表现得不如其他学生,但如果从完成态度、进步方面来评价,学困生未必就比资优生落后,而我们往往通过单一的评价方式,把这些学困生划分到了另一个极端,长期下来也给学生的身心带来消极影响。

而这样的学生群体在我们学校并非少数,因为家庭环境、周边环境、亲子教育、亲子关系等因素,很多学生经常受到比较单一的评价方式,导致学生不能正确认识自己,也不能正确定位自己。忽视"建构主义、最近发展区、多元智能"等理论的指导,学生的学习与作业总是处于被动、负面、消极状态,长此以往便形成了极其严峻的局面,也为我们学校开展"乐和课堂"教学改进带来了很大影响。

现代心理学研究表明,积极健康的情感能够有效强化人的智力活动,使学生精力充沛、意志旺盛、思维敏捷、印象深刻、想象丰富、记忆增强,学生的心理潜能也会得到更大程度的发挥。反之,消极不健康的情感,则会使他们的智力活动受到抑制,降低学习效果。

基于这些心理学理论及学校现状,为了全面激发不同层次学生的学习热情与生活热情,给他们不同定位,尊重他们的最近发展区,吴泾中学的教导处和政教处联合设计了"七彩争章"量化考评机制,其评价表如表5-4-1所示。

表5-4-1 "七彩争章"评价表

	"七彩争章"评价表
道德品质 (红色爱国章)	1. 热爱祖国,积极参加爱国主义教育活动、国防教育活动和升国旗仪式,不无故缺席。
	2. 热爱社会主义,坚定共产主义理想和中国特色社会主义信念,积极参加社会主义核心价值观主题教育活动,树立正确的世界观、人生观和价值观。
	3. 热爱中国共产党,了解"四史"相关知识。
	4. 积极参加学校组织的优秀传统文化主题教育活动,继承和弘扬中华民族优秀传统文化。
	5. 模范遵守《中小学生守则》和《中学生日常行为规范》,遵守校纪校规,服从学校管理。
	6. 不做损人利己的事,对自己的行为勇于担当。
公民素养 (橙色素养章)	1. 注重交往礼仪,尊敬长辈,见到师长主动问好,虚心接受师长的教导;关心邻里,乐于助人
	2. 仪容仪表端正,统一着校服,不佩戴首饰,不化妆;行为礼貌,语言文明,不说脏话,言行符合《中学生日常行为规范》。
	3. 积极参加文明校园创建,主动成为文明礼仪的宣传者和执行者。
	4. 尊老爱幼、孝敬父母,主动分担家务,自己的事自己做。
	5. 严于律己、宽以待人,与同学友好相处,不欺凌侮辱同学。
	6. 能积极参加公益劳动或班级劳动,能完成力所能及的家务劳动,养成生活自理的习惯和技能。

乐和课堂
灵动教学

"七彩争章"评价表	
交流与合作 （黄色合作章）	1. 热爱班集体，主动关心集体，珍惜集体荣誉，维护集体利益。
	2. 积极参加集体组织的团队活动和各项有益的文体活动。
	3. 团结互助，善于与他人交流和分享，善于与他人合作，共同完成任务。
	4. 主动承担班级事务，为班级同学做好服务。
	5. 尊重他人劳动成果，不乱扔垃圾，做好垃圾分类。
	6. 积极参加班级卫生值日、学校环境保洁及其他校内外劳动实践和义务劳动，不偷懒、不拖沓。
学习能力 （绿色学习章）	1. 态度端正、目标明确，表现积极主动，有强烈的求知欲。
	2. 勤奋努力，能按时完成作业，自觉完成学习任务。
	3. 具有专注、主动、合作、勤奋、守时、善思、创新等良好的学习习惯与品质。
	4. 掌握所学课程的基本知识和基本技能，能运用所学知识解决问题。
	5. 善于总结和反思，善于寻求帮助和听取他人建议，不断优化和改进学习方法。
	6. 学有所长，基础性课程学习情况良好，学业成绩优良，拓展活动和拓展性课程有优秀成果。
运动与健康 （青色运动章）	1. 按时作息，有良好的卫生和饮食习惯，养成良好的生活习惯。
	2. 坚持锻炼身体，《国家学生体质健康标准》测查合格。
	3. 认真上好体育课，积极参加每天的大课间活动，坚持每天锻炼一小时。
	4. 积极参加各种体育活动和学校组织的体育比赛，取得一定成绩，体育与健康测试成绩良好。
	5. 人生态度积极健康，处事乐观，有良好的自我控制和调节能力，行为举止适当。
	6. 意志品质良好，在学习和生活中耐挫能力较强，能克服各种困难。
审美与表现 （紫色艺术章）	1. 具有基本的审美意识和正确的审美观念，珍爱美好事物。
	2. 能感受并欣赏生活、自然、艺术和科学中的美。
	3. 认真上好艺术课（音乐、美术、舞向未来），积极完成课堂学习任务。
	4. 积极参加学校艺术社团和班级、学校及教育部门组织的各种艺术展示活动（如演出、比赛、艺术作品展示等）。

"七彩争章"评价表	
审美与表现 （紫色艺术章）	5. 具有一定的审美素养,对艺术作品有一定的鉴赏能力。
	6. 有创造美、表现美的欲望,并通过各种形式进行艺术表现,有自己的艺术作品。
创新与实践 （蓝色创新章）	1. 勇于实践,积极参加军训、参观学习、研学旅行、社会调查等社会体验和社会实验活动。
	2. 具有基本的环保常识和意识,了解保护环境的重要性和必要性,积极参加班级、学校、社区组织的垃圾分类和其他环保活动。
	3. 每学期至少参加一次力所能及的社会公益活动和志愿活动,如孝亲、尊师、敬老、爱幼、助残、环保等。
	4. 动手能力强,具有创新意识,有小设想、小创作、小发明、小制作等成果,并能够灵活展示。
	5. 善于发现,勤于思考,能综合运用所学的知识和技能解决问题。
	6. 积极参加研究型学习,并形成创新设计案例、创新小论文。

吴泾中学自从开展"乐和文化"建设以来,师生秉承"乐业、和谐、求是、创新"的校训,以高标准、高要求全面提升自我,努力打造新优质学校和百姓家门口的好学校。为进一步体现少先队员的主人翁精神,学校发动全校师生开展"七彩"奖章设计及后续争章活动,树立典型,激励学生,全面发展,将自我梦想与学校梦想互补交融,实现不断超越与提高。在全体队员如火如荼的讨论与参与下,"七彩"奖章横空出世,评价细则也在不断完善。

"七彩"奖章以彩虹七色为主基调,一种颜色代表一种目标:红色——爱国、橙色——素养、黄色——合作、绿色——学习、青色——运动、紫色——艺术、蓝色——创新。

"七彩"奖章正是在品德形成、价值观塑造、组织意识培育的理念框架下进行设计的,希望能形成人人可行、日日可为、天天向上的评价激励体系,把学生成长中的大目标分解为每天进步一点点的小目标,并在争章的过程中逐步实现这些小目标,进而实现最终目标的拓展与延伸。

红色:"爱国章"由摊开的书页、红色爱心与和平鸽组成,红白为主体色。红色代表爱国情怀与少先队员积极乐观的精神,红心左上角的五星更是祖国的象

第五章

以评促学　以评促教

征。爱心与书页连接处巧妙地形成一只展翅的白色和平鸽,这是希望大家珍惜当下生活,更希望全球和平。摊开的书本上写着校名"WUJING"的拼音简称,"爱国章"是我校学生爱国之情与爱校之心的最好体现。

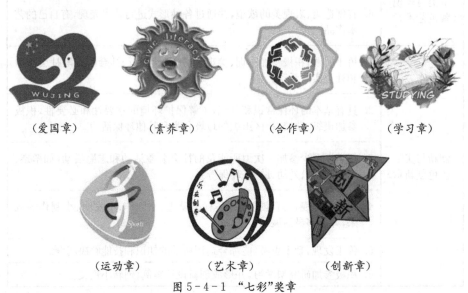

(爱国章)　　　(素养章)　　　(合作章)　　　(学习章)

(运动章)　　　(艺术章)　　　(创新章)

图5-4-1　"七彩"奖章

橙色:"素养章"以鲜明的橙黄色为基调,太阳的眼睛是学校校名首字母简称"WJ",这代表我们都是学校的一员。因微笑而弯起的嘴角传达着友爱与善意。环绕半周的英文单词"civic literacy"意为"公民素养",明确了该章主题。我们想借这个设计向大家传达新时代少先队员应该具备笑对生活、积极待人、常怀感恩的良好素养。

黄色:"合作章"以太阳为轮廓,代表少先队员如太阳般火热灿烂。核心部分是紧握的手,手的不同颜色,代表不同的地域、人文、性格与能力。我们想借这个徽章设计告诉大家,只有我们通力合作,团结一心,才能事半功倍,成就他人,成就自己。

绿色:"学习章"以平展的书本及羽毛笔为基本构图,侧面烘托出吴泾中学学子学习勤奋、态度端正的特点。说起"绿色",我们第一反应便是自然。因此我们在书的周围添加了一些绿色草叶,背景用水彩晕染来营造一种郁郁葱葱的感觉。"studying"意为"学习",突出这枚徽章的主题。从整体看,绿色为主色调,搭配"W"形的水彩背景,同样是从校名获取设计灵感,也营造出在自然中学习的轻松氛围。徽章设计富有意境美,又不失内涵,很好地体现出学生静心学习、勤于思考的良好风貌。

　　青色："运动章"以简化的现代人物构图,同时结合吴泾中学健美操特色项目中的彩带运动,达到形意和谐统一。舞动的彩带呈现出字母 W 的造型;人体向左微倾,就像字母 J。整枚徽章以青色、白色为主色调,配以渐变色的七彩缎带和三角形构图,呈现出清新、健康、积极的意境,运动造型生动形象,生命的激情和运动的张力呼之欲出。简洁而深刻、凝重而浪漫,很好地体现着吴泾中学学子朝气蓬勃的青春活力与激情。

　　紫色："艺术章"的主色调是浪漫的紫色,外框是由英文单词"create"(创造)和"art"(艺术)的首字母 C 和 A 相拼而成。主体是调色盘和音符,象征美术和音乐学科;调色盘中的颜色设计成彩虹七色;上方音符相拼接组成字母"W",是"吴"字的拼音首字母,因为这是属于我们学校的独有徽章;左侧设计了"乐在创作"的字样,寓意学生以创作为乐趣。

　　蓝色："创新章"以一枚飞翔的纸飞机为设计主体,希望学生的梦想能像飞机一样越飞越高。灯泡代表创造,希望学生能多多灵光闪现,发挥丰富的想象力,拥有更多创新发现;志愿箱象征吴泾中学学子积极参加志愿活动的精神风貌;绿色环保袋和四色垃圾桶象征环保意识;行李箱和备忘本代表走出校园,奔向开阔社会的研学旅行,希望每一位吴泾中学学子都是勤于思考、善于学习、乐于创新的新时代好少年。

　　师生协作、自主设计的"七彩"奖章,不仅能借用学生的奇思妙想让奖章设计更多元,更能让他们在设计的过程中体会到"七彩"奖章所传递的热爱生活、努力学习、善待他人、直面人生的积极意义。

"以评促优"培养全面发展的"乐和学子"

传统教学方式已不能适应现代教学改革的需要,如何把新的教学理念落实到课堂教学中,是当前迫切需要解决的问题。在育人和教学中,家长和教师都要因材施教,孩子方能正常成长。

(1)新时代教育评价改革要求。

《深化新时代教育评价改革总体方案》中首次提出"改进结果评价,强化过程评价,探索增值评价,健全综合评价,充分利用信息技术,提高教育评价的科学性、专业性、客观性",为深化教育评价改革指明了方向。

(2)数字时代的教学评价需求。

教育进入数字时代以来,所追求的最终目标发生了改变,从"学习知识"到"培养全面发展和能够进行终身学习的学习者"。

《基础教育课程改革纲要(试行)》提出:"改变课程评价过分强调甄别和选拔的功能,发挥评价促进学生发展、教师提高和改进教学实践的功能。""建立促进学生全面发展的评价体系。"所以,教师在进行评价时需要通过多种评价手段实现评价主体的多元与交互,从而在学习过程中促进学生进行反思总结,不断成长。

(3)践行"双减"的评价变革需求。

中共中央办公厅、国务院办公厅《关于进一步减轻义务教育阶段学生作业负担和校外培训负担的意见》,对"双减"工作作出了重要决策部署,要求从政治高度来认识和对待,从体制机制入手深化改革,全面贯彻党的教育方针,落实立德树人根本任务,促进学生全面发展和健康成长。

(4)综评导向的评价变革需求。

综合素质评价是新时期学校实施素质教育的有效载体和有力抓手,这种关注全程,注重激励和导向,具有调整和改进功能的评价方式将成为落实立德树人的一种有效方式。

综合素质评价不仅关注"认知、结果、表现",同时重视"行为、过程、发展"等方面的评价,改变单一评价主体现状,加强自评、互评、他评,使评价成为教师、学生、家长等共同参与的交互活动。

综上所述,正确地评价学生的学习,要综合利用各种评价方法,科学全面地评价学生,从而起到促进学生学习、发展学生综合能力的作用。评价要整合教育技术、线上线下融合、同步异步融合、纸质数字融合等,帮助学生客观、科学地认识自己,不断发展和促其成长。

图 5-5-1　马斯洛需求层次理论图

"马斯洛需求层次理论"(如图 5-5-1 所示)告诉我们,人的发展要经历从基本的生理和安全需求到尊重、认可、归属需求,在此过程中获得成功感、幸福感、自信心,进而激发自我实现与自我超越。通过由外至内的认可和激励,发展为由内至外的成长与奉献。

(1) 深度构建多元化评价指标。

为了让多元评价更好地融入学习生活,我们自主研发了"校本多元评价"的网站平台以及配套评价指标(如图 5-5-2 所示)。以学生的知识学习与常规教育为主进行评价,包括预习、上课、作业、考试、活动、竞赛等,各年级根据要求设计本年级争章细则并进行年级公示,组织学生大会及班队会进行宣传动员,帮助同学们明确学习章的获得路径与方法。

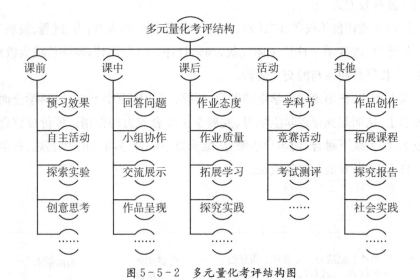

图 5-5-2　多元量化考评结构图

为了匹配多元量化考评结构,各年级组还针对性地设计了相应争章细则,以便于学生更好地进行自我规范与激励。

借助多元量化考评机制,我们可以建立新型的师生关系,教师从传统的"师教生学、师讲生听、师评生受"的"主从"关系中转换过来,通过多元量化考评机制,激励学生的主体能动性,激发学生的全方位学习热情,建立起和谐、尊重、民主和发展精神的新型师生关系。

同时,因为多元智能理论的指导,我们也意识到量化考评不仅仅针对基础学科学习,还要关注不同类型智能发展,而不仅仅只是分数的提升,还应注意活动积极性的提升、理解与应用能力的提升、学习态度的提升等多方面的表现。

(2)全面落实多元化评价细则。

为了更好地推进课堂教学多元化评价,帮助教师时刻注意"眼里有学生,心中有学生",我们特别强调对学生的评价要易于观察、要点清晰、对象均衡、评价多元,尊重学生的最近发展区,从不同的角度给予学生成功感。

评价细则的优化经历了"从 1.0 至 4.0 版本"的迭代,建立了基本的评价框架,关注"以评促教、以评促练、以评促学"。我们特别强调"以学定评、评价分级、量化考评",在评价量表中,引导教师关注评价方式多元化、评价内容多元化、评价手段多元化等,通过小组评星、作业评章、活动评奖等助推学生发展与成长。我们始终坚持"以人为本"理念,以学生为中心,不断促进多元化评价的有效实施,也通过评价激励不同层次学生获得成功,基于不同学生差异,有效落实差异化教学,助推学生的个性化发展。

图5-5-3　吴泾中学乐和少年荣誉手册效果图

为了全面落实多元化评价细则,我们还设计研发了"荣誉手册"(如图5-5-3所示),学生每人一本。各科教师会根据学生每天的课堂表现、作业效果、进步发展、参与活动等进行评分,在他们的荣誉手册上盖章评价。其中,特别注意学生在作业习惯、表达习惯、团结互助、学习热情等方面的评价,从而激励学生养成良好的学习态度与学习习惯,助推教学质量的稳步提升。

(3) 技术赋能多元化评价实践。

如果只是纸质的评价与记录,很难对学生进行发展性评价和过程性评价,这种评价方式虽然能够起到很好的激励作用,但是它的过程性和发展性呈现效果不足,难以形成"横向广度、纵向深度"的多维度评价。

在教育数字化转型背景下,我们研发了"学生量化考评平台"(如图5-5-4所示),可以按"年级—班级—学科—姓名—类别"进行精准评价,以此促进评价内容多元化和评价维度多元化,既要评价学生的实际能力,也要评价学生的道德品质,科学推进因材施教,有效激发学生发展,同时也可以根据表彰的内容进行简要描述,说明赋分原因和指标,使评价更加精准细致、以人为本。

每过一段时间,各班的争章委员会规范录入学生的争章数据,有效实现线上线下异步赋分功能。分析各年级、各班级争章数据可以发现,那些获得奖章偏多的,一直都是在学习活动中积极进取、乐于奉献、帮助同学、全面发展、个性化学习的学生,这也激励了更多学生发挥自己的潜能,不仅要努力学习,还要争做"德智体美劳"全面发展的学生,将自己的多元智能予以激发,让自己有出彩

乐和课堂
灵动教学

年级	六年级	七年级	八年级	九年级					
班级	1班	2班	3班	4班	5班	6班	7班	8班	9班
学科	语文	数学	英语	物理	化学	道法	体育	历史	地理	科学
艺术	拓展								
可多选	陈梵*	丁烁*	方子*	黄文*	黄杨*	居文*	瞿苗*	李佳*	李欣*	李逸*
谭*	汤辰*	唐*	涂雯*	王景*	王思*	王馨*	吴奇*	徐可*	徐*	许*
类别	预学	上课	作业	考试	活动	比赛	其他		
说明	课堂表现优秀								

表现优秀 表现良好 练习优质 积极帮困

图 5-5-4　量化考评平台网页界面效果图

的一面,从而取得真正的成功。

此外,我们会定期更新学生获得的新奖章并进行公示,通过这种评分展示机制,激励学生在不同时期更好地进行自我反思与发展,促进学生的内生动力,促进差异化教学与多元化评价。

基于教育数字化转型背景,通过评分平台与荣誉手册的搭配使用,借助盖章、评星、积分等手段开展评价,既关注成果性评价,也关注过程性评价和发展性评价,帮助每一个学生看清自己,明确定位,积极学习,不断发展。在争章活动中,师生共同探讨争章细则,全面落实深入推进。这样的方式既成了师生深度交流的纽带、学生自我评价的途径,也培养了学生的荣誉感。

而这也正是"乐和课堂"教学改进的价值,是"乐和文化"育人的宗旨,我们培养的不是刷题的机器,而是鲜活而个性的生命,是独立的人,我们要通过这些方式尽可能地激发不同孩子的学习热情、生活热情,以及自信自立、自尊自强之情,帮助和指导这些孩子找到自己的闪光点,发现自己每天的进步,从一点点改变开始,每天改变一点点,如雨后春笋般苗壮成长,从而真正做到"内生增长"。

教师作为新课程的实践者、引路人,作为学校课堂教学改进的推动者,只有具备与之相适应的体现素质教育精神的教育观念,才能准确地理解和把握新课程宗旨,推进课堂教学改进。赏识教育与正向反馈是成功教育的基础,是教师先进教育理念和教育艺术的外在表现,也是吴泾中学课堂教学改进的核心理念。

"一切为了学生,为了一切学生,为了学生一切",在乐和课堂教学改进过程中,我们始终坚持这样的精神和理念。

孔子说:"知之者不如好之者,好之者不如乐之者。"教育教学过程就应该成为学生进行积极情绪生活、获得积极情感体验的一种过程。这种体验必须为全体教师所关注,只有全学科教师协同育人,全体教师用"心"施教,用"心"施评,用"心"施爱,才能真正助推每一位孩子身心健康发展。借助量化考评机制,我们可以建立新型的师生关系,激励学生的主体能动性,激发学生的全方位学习热情,建立开放、民主的新型师生关系。

苏联教育家赞可夫说:"漂亮的孩子人人喜爱,爱难看的孩子才是真正的爱。"其实,那些"难看"的孩子更需要格外精心的关爱和呵护,让他们健康快乐成长。这对孩子的一生来说是非常重要的。

对于我们的学生而言,他们更需要我们用最真诚的爱和热情去唤醒学习的热情、生活的热情、思想的热情。"以心换心,以情促情",我们要用自身的"真、善、美"激发学生内心深处最美好的品性,激发他们生命的潜能。

多元评价助推师生"以评促教"

为了使全体同学树立热爱学校、热爱学习、热爱生活的学习主人翁意识，形成自主学习、乐于学习、善于研究、勤于思考的良好学风、班风和校风，激发更多师生关注课堂教学效果，形成平等师生关系，促进课堂教学改进，提升教育教学质量，各年级组织开展"积分争章"活动，以下是个别备课组老师在开展争章活动后的一些案例和感想。

通过个人争章、小组互助争章、年级社团课争章等形式，"积分争章"活动在年级组全面铺开。"积分争章"活动不仅提高了学困生的学习积极性，还激励着优秀生的竞争意识。

（1）"积分争章"激励学困生稳中有进。

普通初中教师每年都会碰到一部分学困生，这些学困生学习习惯欠佳，接受能力不足，缺乏学习目标，失去学习动力。教师想要提高他们的成绩，就要花费极多的时间和精力。

去年，我们开展了争章活动，主要是为了激发学生的学习积极性。教师一开始根据学生学习的现有水平，提出略高于学生水平、经过学生努力可以达到的教学目标，此目标使学生既看到了自己与目标的差距，产生弥补这一差距的愿望，也看到了目标并不是高不可攀的，经过努力就可以达到，这样便加强了弥补这一差距的动力。没有目标或目标设置不合理，都不利于激发学生的学习积极性。下面就是一名教师的自述。

　　小毅学习习惯不行，还爱多动，上课捣乱，作业不做，懒散随意。争章活动后，我就鼓励他，只要每天背诵一首诗就给他三个章，一般的同学都是没有这个待遇的。他听了后非常高兴，认为这是小菜一碟，学习积极性一下子就被激发起来了，愿意去背书了。但他背出了却不愿意默写，我就再用章鼓励他，默出一首就再奖励三个章，这样他总算肯默了，但错别字太多。就这样用争章这个方法调动了他的学习积极性，不至于在考试时默写一片空白。

小豪语文基础不扎实，经常字不会写甚至不会读，更不懂意思，所以语文考试经常垫底，如果不抓他的话，很可能就是极低分。他自己也没有信心，觉得反正都学不好，就想放弃。面对这种情况，我让他先从简短易背的古诗开始，先学会熟练地读，再鼓励他一句一句地背，最后连起来整首诗背诵。我奖励给他的章无疑让他感受到了背书的获得感和效能感，或者说还有些许成功感和被认可感，渐渐地他在班级同学朗读古诗的时候也会跟着一起读了。后来多次考试，试卷上他的默写都很少失分，有时还能拿满分。课内的文言文有时也能拿点分了，以致考试成绩摆脱了低分的困境。

(2)"积分争章"激励学优生奋发向上。

第斯多惠说过："教学的艺术不在于传授本领，而在于激励、唤醒和鼓舞。"

自学校设立争章活动以来，优秀学生中就形成了力争上游的快乐、向上的氛围，极大地激发了学生的学习热情。语文学科涉及的知识、技能面广量大，这主要在于平时的积累。为此，一名教师设计了多个争章项目。

小王同学综合表现优秀，但语文成绩平平，这与父母对他的要求有一定的差距。但他总也突破不了，他本人也很苦恼。自从有了争章活动，看到邻桌的小林几乎每次都能获得奖章，他很是羡慕。暗暗地，他在作业书写时开始更加认真，每道题目尽可能做到准确无误。看到自己本子上的印章，他很高兴，充满了学好语文的信心和动力。久而久之，他就养成了良好的作业习惯，成绩也突破瓶颈，上了一个台阶，每次测试在年级中总能名列前茅。

在争章活动中，优秀学生得到了成就感和满足感，对学习更是充满了兴趣。他们的表现，影响和带动了班级其他同学，对学生良好习惯的养成起到了积极的示范作用。

(3)"积分争章"激励小组协作共赢。

自各年级推行"积分超市""荣誉护照"以来，学生的学习积极性有了明显提

高,原本在文科学习上成绩不明显的小组合作也焕发了新的生机。荣誉手册对于团队争章有这样的要求:①学习小组构成结构以"3+2"(3名主课优势生+2名学困生)为主;②在优势生辅导下,学困生考试成绩提高5分,学困生获5章,小组各成员可获团队奖励章2枚,依次类推。

　　C小组由5名同学组成,小C成绩名列前茅,手下还有两员虎将,班里的两名极低分学困生便顺理成章地被安排到该组。小组组建初期,三位小老师怨声载道,因为这两名学困生不仅考试分数低,学习态度也很成问题,消极懈怠的情绪始终得不到改观。不仅小老师拿他俩没有办法,连任课教师也反映,对这两个学困生实在束手无策。

　　这种情况在年级荣誉争章规则推出3.0版本后,逐步发生了变化。

　　首先是小老师们的劲头更足了,他们在快速且高效完成自己的分内作业后,采取盯人战术,课间十分钟、午休后、放学后,他们抓紧一切可以利用的时间,围绕在两个学困生周围,督促他俩完成课堂练习或进行订正。首战告捷,两个学困生的课堂作业得到了保证。之后,小老师们自己出题给两位同学做,并及时批改,督促订正。试验了两周后,在月考中,两个学困生的语文默写正确率达到90%,课内文言文答题命中率达到85%。大家都尝到了小组合作学习的甜头。

　　虽然学生的力量有限,但是只要结合正确的方法,他们同样可以发挥教师意想不到的作用,学生之间的互相鼓励与帮助或许比教师的"耳提面命"更能激发积极性,相信在荣誉争章的激励下,只要学生积极性不减、方式方法合理,小组合作就会取得共同进步。

　　课堂教学要"拨动学生的心弦,激发学生的学习积极性",达到"教师引导学生,学生推动教师,教师得心应手,学生如沐春风"的境地。年级组开展的"积分争章"从一定程度上促进了各个层次学生学习语文的积极性,从客观评价与主观激励等多个角度,助推每一位孩子内生发展与成人成才。

量化考评促进学生个性发展

认知内驱力是一种源于学习者自身需要的内部动机,这种潜在的动机力量,要通过个体在实践中不断取得成功才能真正表现出来。诱发这种内驱力需要激发兴趣,利用学生的好奇心,巧妙创设问题情境,激起认知冲突,注重将学习内容与学生的生活背景、知识背景相联系等方法。

自我提高的内驱力是一种通过自身努力,能胜任一定工作,取得一定成就,从而赢得一定社会地位(或团体地位)的需要。

附属内驱力是指个体为了保持长者们或权威们的赞许或认可,而表现出来的一种认真学习、积极表现的动机。这种学习动机有较明显的年龄特征,多表现在低年级学生身上,也属于一种外部动机。

对于内驱力的研究符合"马斯洛需求层次理论",通过由外至内的刺激,再由内至外地发展和成长,从基本的生理和安全需求发展到尊重、认可、归属需求,从而获得成功感、幸福感、自信心,进而激发自我实现与自我超越。

某备课组通过一年多的实践,在学生的行规、作业、考试、上课表现等学习过程中开展争章活动,观察学生个体和年级整体在学习过程及学习成果上的变化,分析争章活动的可行性和合理性。

该届学生从六年级开始,便开始启动争章活动。每位同学通过自己的努力,在行规、作业、考试、上课、小组活动中表现突出或进步明显,都能在语文、数学、英语和班主任老师那里得到学科章和进步章,通过集章换取学习用品或其他物品(如免作业券等)。

对于低年级学生而言,争章活动可以有效激发其学习兴趣和热情。课上遵守各项纪律、上课认真听讲、积极举手发言、作业质量达标、考试成绩优异的学生,可以收集到许多优秀章;学习困难的学生,也可以通过自己的努力得到各类进步章等。对此学生产生了浓厚的兴趣。随着争章活动的不断推进,我们在实

施了一段时间后,又根据教学实际情况在原有基础上进行优化,得到了争章细则2.0版本。

在争章活动开展以后,年级有好几位同学学习兴趣逐步提升,学习主动性得到了提高,学习成绩也在不断进步。

小 A 同学是班上的小不点,下课生龙活虎,上课发呆走神。但在一次数学课上,当老师让同学们说说生活中还有哪些实物体现了三角形的稳定性时,他立刻表现出浓厚的兴趣,老师马上鼓励他发言,他兴高采烈地说着各种特色建筑。老师惊奇于他丰富的课外知识,表扬了他,并及时给他奖励了进步章。在接下来的课程中,他听得更认真了,也能给教师一些点头摇头的反馈,整节课完整地跟着学习,收获很大。

小 C 同学是年级的数学佼佼者,成绩优异,思维活跃,是不可多得的学习好苗子。有一天,他问老师:"如果我能在学校把家庭作业做完,能不能有盖章奖励呢?"老师回答:"当然可以。"从那天开始他总能在很短的时间内完成家庭作业,保质保量交到老师手上。在他的带动下,班上的很多男生加入了这个行列,刚开始有些同学就是为了能盖章而草率地完成家庭作业。后来在制订这个规则时附加了条件,即错误不能超过 3 个,这就要求学生对当天的学习任务掌握得比较好才有可能盖到章,虽然难度大,但是同学们你追我赶,基本上每天有近一半的学生都是轻松快乐地放学回家,原因是在学校里已经把数学书面作业完成了,学习逐步进入了良性循环。

小 D 同学的数学成绩经常在班级倒数,语数英总分也是如此,基础极其薄弱,学习习惯欠佳,主要表现为不做作业、课堂不听教师讲课,开学第一周除了第一天完成 3 道题目,之后连续 3 天不交作业。经调查发现,该同学在小学阶段也是长时间不做作业,对此教师和家长也伤透脑筋。教师在课堂上认真观察后发现,这个孩子智力还是比较好的,主要是知识基础和习惯问题。由于个子高、不认真听讲、上课开小差等,小 D 被安排坐在最后一排。开始时老师经常上课向他提问,针对他的基础提一些比较简单的问题,让他有答对的机会,每一次答对,都会让全班同学拍手鼓励,同时根据课堂表现在他的争章手册上盖章一枚,肯定他的进步,让他有成就感和被认同感。经过一段时间,小 D 的成绩有了逐步且明显的提高。成绩的进步,逐步影响了他的学习习惯变化,也提升了小 D 的自信心,他经常在班级中说,自己也能学得好。现在,小 D 还会主动给其他同学讲题目呢,他的改变真让人难以想象。

在争章活动中,师生的交流不再局限于课上、课下的你问我答,学生为了更好地表现自己,更多地从教师那里集章,让教师肯定自己的学习,他们就会和教师平等交流,探讨如何才能更全面地进行争章活动。这种平等对话多了,自然而然增进了师生情感,渐入"亲其师,信其道"的佳境。

苏霍姆林斯基说:"成功的欢乐是一种巨大的情绪力量,它可以促进儿童好好学习的愿望……缺少这种力量,教育上的任何巧妙措施都是无济于事的。"

争章是一种鼓励、一种赞赏,是对学生学习行为的一种肯定。愉快引发兴趣,兴趣产生动力,动力促使进步,进步增强自信,自信带来成就。孩子是需要鼓励的,而争章活动在低年级管理中正是这样一种非常积极有效的教育方法。

多元评价增强学生内生意识

心理学家威廉·詹姆斯说:"人类性情中最强烈的情感是渴望受到他人的认同。"

每个孩子都渴望得到别人的赞赏,学困生更是如此。工具性与人文性的统一是语文课程的基本特点,据此进一步提升学困生的语文学习内生力的关键在于结合语文学科育人特点,优化多元评价策略,进一步增强学困生的学习主动性,激励他们不断在语文学习上树立新的目标,能持之以恒地做最棒的自己,实现从"会学"到"慧学"转变。为此,教师应构建良好的不断学习、研究、热爱语文的学习氛围;改善课堂评价方式,建立促进学困生全面发展的综合评价体系,改变仅以成绩好坏来评价学生的单一模式;通过表彰肯定每位在语文课堂上做出努力的学困生,进一步助燃他们的语文学习内驱力,持之以恒地燃烧自己的"小宇宙"。

语文备课组教师在多元评价激励学生成长方面也进行了研究,结合学校对于量化考评、多级反馈、以评促学等方面开展实践探索。

(1) 鼓励式评价和期待式评价相结合。

苏联教育家苏霍姆林斯基认为:"在人的心灵深处,都有一种根深蒂固的需要,就是希望自己是一个发现者、研究者、探索者。"而学困生在这方面的需求更为强烈。所以,在对学困生进行评价时,我们更注重使用多种激励性语言予以鼓励。

例如在学困生回答某个问题时,教师们会用以下语言进行鼓励:"你的朗读声音很响亮,如果把字音读准确就更好了。""很有自己的想法,你可以关注文中这组句子,看看有什么新发现。""老师看到你督促别人十分认真、负责,自己也要严格要求。"

给学困生一个积极的心理暗示,通过这样的激励性语言肯定孩子的付出,为学困生构建安全的心理空间,同时提出自己的期待,明确他需要努力的方向,为学困生进一步转变做铺垫。这既与前面所述的"即时反馈+二级反馈"不谋而合,更是日常教学中教师进行评价的主要策略。

（2）动态评价和终结性评价相结合。

课堂教学是师生互动的多边活动,动态评价作为师生交流的一种有效方式,应贯穿于课堂教学活动的始终。准确、及时的评价对教学活动起着重要的导向和激励作用,使教学过程更趋完善,更有效促进学困生的进一步转化和发展。

除了注重课堂生成资源的动态评价,教师更要科学、合理地营造一种热爱祖国语言文字、传承优良民族精神的文化氛围,这就需要在注重学困生转变和发展的同时,将评价贯穿于整个教学中,实施评价的全程化和有效化,形成科学、正确的终结性评价。

> 教学《石壕吏》一文时,教师提出如下问题:
>
> 这首诗是以旁观者视角去写的,应关注文中时间词的变化,思考诗人为何不站出来表明态度。
>
> 一位学困生不假思索地回答说是因为诗人害怕被抓走,他要保护自己。
>
> 教师听完学生的发言,略顿了一下后反问:"诗人真的是为了保护自己?"学生想了想说:"不是。"
>
> 教师接着问:"诗人贪生怕死,躲在老妇家中保护自己,那他和'夜捉人'的石壕吏有什么本质区别?"
>
> 那名同学红着脸摇了摇头。通过进一步引导和启发式教学,孩子们终于明确诗人一方面歌颂老妇人勇于承担责任的精神,他支持这场平叛战争,希望能早日取得最后的胜利;另一方面又对战争带给人民的巨大灾难深感痛恶,表现了他对下层劳动人民的无限同情。

这种忧国忧民的情怀贯穿整部作品及诗人的一生,这种对于和平的渴望也是中华民族精神的核心组成部分,是需要我们发扬和传承的优秀传统。因此,只有及时抓住学困生认识上的误区,因势利导,循循善诱,才可以培养学生正确

的价值取向,形成正确的道德观、人生观、价值观。

(3)自评和互评相结合。

学生是课堂主角,既可以是教学活动的参与者,也可以是活动的具体组织者和设计者,在教学中应当鼓励孩子学会自评、互评,将评价的主体从教师变为多主体参与。

　　　　小敏是班级出了名的"隐形人"。但在对小敏观察的过程中,教师惊喜地发现这个孩子以前参加过合唱训练,很有朗诵天赋。于是教师的心中燃起一丝火苗,在理解课文内容的基础上,为了深化同学们对古诗的理解,巩固课堂所学,教师让大家推荐一名代表有感情地朗读。

　　　　经过角逐,同学们不约而同地推荐了在语言表达和肢体表演上独具特色的小敏同学。石壕吏的蛮横、老妇的可怜、诗人的忧国忧民之情被小敏演绎得淋漓尽致,同学们仿佛见证了杜甫笔下的那段让人痛心的社会现实。朗读结束后,同学们纷纷向小敏投出惊喜且钦佩的目光。那一刻,小敏也受到了鼓舞,打开了自卑的心门,仿佛她在这节语文课中成为耀眼夺目的明星。从那以后,小敏的学习态度也发生了悄然转变,语文的学习课堂上又多了一位小小的"助跑者"。

教师无意间的一句话,可以造就一个天才,也可以毁灭一个天才。

教师在任何时候都不要给学生打不及格的分数,请记住成功的欢乐是一种巨大的情绪力量,它可以促进学生好好学习,让我们用真诚、爱心对学生多几分赞美,少一些批评、指责,在他们的人生道路上,为了他们的进步、进取,教师要学着赞美学生。

在教学实践中,教师一句激励的话语、一个赞美的眼神、一个鼓励的手势,往往能给学生带来意想不到的收获。教师对学生小小的成功、点滴的优点给予赞美,可以强化其获得积极的情绪体验,满足其成就感,进而激发学习动力,培养自信心,促进良好心理品质的形成和发展,有助于建立和谐的师生关系,营造一个奋发向上的教育教学氛围,从而真正促进"乐和课堂"教学改进,促进"教师乐教乐研,学生乐学乐思"的良好教育生态。

最好的教育是自我教育,最强大的动力来源于学生的内心深处,我们深信,只要我们持之以恒地开展积极评价与正能量教育,就能引导学生开出理想之花。

　　俗话说:"好孩子是夸出来的。"赞美往往比批评教育要好得多,一篇情理交融、鼓励性强的评语,一段肯定赞美之词,如果教师能巧妙地运用这些激励的方法去赞美学生,学生就会心情愉悦、精神振奋,这种教育手段往往会达到事半功倍的效果。

　　优秀正确的评价导向可以培育学生的理想信念,信念是人生的指路明灯。有了志向和信念,学生才会有源源不断的动力。理想和信念是世界观、人生观、价值观的集中体现,它是激励学生百折不挠、忘我奋斗的巨大动力。有了崇高的理想和坚定的信念,人们就会执着地追求,满怀信心地坚持,矢志不渝地去努力。一个人如果理想迷失、信念动摇,就会丧失辨别和抵御错误思想的能力。教师担负着教书育人的重任,在传授学生丰富知识的同时,更应该悉心传播真理,通过对他们进行多元化评价、科学合理评价、积极向上评价、充满热情的评价,引导学生树立正确的世界观,在他们心中点燃信念的火种。

交互评价提升学生自驱意识

信念就是一盏点燃希望的心灯,法国著名作家罗曼·罗兰说:"人生应该有两盏灯,一盏是勇气的灯,一盏是希望的灯。"

我们深信,只要我们持之以恒地开展"内生式"教育,激发学生的"自驱意识",每个学生的人生就会绽放出美丽的生命之花,学生的主动发展也就可以成为现实。

本案例以六年级学生的信息科技作品为题材进行研究,学生在结束第二单元"网络与生活"的单元学习后,按照项目化学习流程完成专题资料的收集与整理,包括视频资料、图片资料、文字资料等。

各小组学生分工明确、团结协作,有的专门负责收集视频,有的专门负责收集图片,在收集视频时他们要关注视频的时长、清晰度、主题感、教育性,在收集图片时要关注图片的历史感、时代感、价值观,要通过这些资料的收集完成主题教育,传播正能量。

经过合作收集与汇总,各小组学生要进行汇报交流,他们将对自己小组的作品进行讲解和宣传。此时,基于在线课程平台,信息科技研究小组嵌入了第三方问卷,给全体学生推送在线评价表单,包括视频、文字、图片、其他四个维度的评价标准。

图5-9-1为视频资料评价标准。

教师将评价表推送给全班学生,大家一边倾听小组队员的讲解宣传,一边进行对比和评价。这一过程不仅是对他人作品的一种鉴赏,也是对自己作品的反思重建。学生不仅是评价者,也是被评价者,大家可以更客观地基于评价标准反思自我,促进内生发展。通过这样的评价活动,学生既对知识技能应用进行了回顾,对学业考查标准更加熟悉,也形成了公正评价与自我评价的品德意识与学习素养。图5-9-2为学生评分统计的部分截图。

视频资料评价标准 *
使用扣分制，出现一处问题扣1分，扣到0分为止。

	3分	2分	1分	0分
主题突出——紧紧围绕主题	○	○	○	○
视频清晰——标清高清超清	○	○	○	○
时长合适——在30分钟左右	○	○	○	○
充满能量——内容有正能量	○	○	○	○
特色鲜明——视频具有特色	○	○	○	○

图 5-9-1　在线投票评价界面效果图

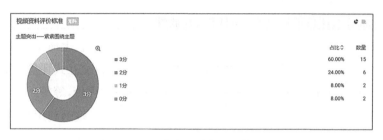

图 5-9-2　学生投票数据分析效果图

　　像这样的案例,还存在于其他的项目学习过程中,例如信息科技组的"电子板报"设计项目,学生完成"电子小报"制作后,全班同学利用电子表格进行互相学习与评分,并求出班级每位同学的平均分排名,然后进行全校展示。

　　作为优秀代表的学生进行展示交流,听课教师和同学们持有 50 个投票器,当每组学生展示结束以后,全员投票进行即时打分,随机抽选学生和教师上台进行语言评价,使整个课堂处在灵动、快乐、自由、互助的氛围之中。

　　像这样的教学场景还有很多,学生在评价与被评价过程中,更深入地促进了师生交互、生生交互、人机交互,助推了学生的主体意识、自驱意识、内生意识,帮助学生发现自身不足,学习他人长处,聆听教师指导,肯定自己进步,这是育人育心的有效探索。

　　给予学生肯定、赞扬和积极的心理暗示,会使他们变得自尊、自爱、自信、自强。无论在哪些方面,教师都要尽量去挖掘学生身上的优点,鼓励他们的信心,并给予赞许式的肯定。每个学生都有自己的梦想和追求,都有自己的志向和憧憬,我们教师应该是他们实现梦想的推动者和帮助者,给每个学生足够的尊重、赞赏、信任、激励和动力,这会惠及学生的一生。

辐射各学科的个性化评价策略

除了前文所述的一些评价策略外，我们还结合多种工具和平台开展多元化评价，从而增强评价的互动性、主体性、开放性。

例如，为了提升学生的小组合作与复习效率，教师通过"上海市中小学数字教材"平台进行互动评价，利用"两个助手投票功能"进行交互式评价，利用问卷平台进行异步评价，利用线上表单等工具进行家校协作评价，等等。

基于评价主体多元化，在生评、师评、互评等过程中，教师利用数字化赋能评价模式与评价流程，及时有效地开展评价，促进自我反思、内生成长，从而提升学生对作品的认知、对知识意义的建构及其多元智能的发展。

为了让评价有趣味性、竞技性、互动性，信息组教师还自主搭建了学习竞技平台，促进人机交互、生生交互，实现实时评价，增添学习乐趣，提升学习效率。平台会根据学生的学习数据匹配积分、奖章、等级、排名，让学习从被动变为主动，教师也变成了资源的整理者，过程的参与者，学习的组织者、引导者、陪伴者，促使学生主动学习、快乐学习、个性化学习、差异化学习。

例如，信息科技老师为了保障信息科技学业考前"精准练习、精准评价、精准辅导"质量，提出了"一平台、二层面、三环节"的研究思考，研究流程如图 5 - 10 - 1 所示。

一平台是指基于自主设计的 PHP＋MySQL"初中信息科技选择题自主学习平台"。

二层面是指分别从教师和学生两个层面开展研究，教师层面提供技术保障与资源优化、个性辅导、即时评价等支持，学生层面全体参与测试反馈、精准练习、专项复习等实践。

三环节即平台构建、实践应用、融评于教三个主要环节，从而促进"教—学—评"一体化。

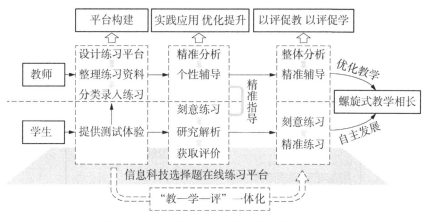

图 5-10-1　基于平台的精准练习基本流程

首先，教师利用 PHP＋MySQL 程序设计编写了一套在线练习系统，然后将近几年学业考试选择题按照考查知识点进行分类梳理，并设计了 12 个知识系列与练习题号。

此外，教师还根据考查内容和样题，改编、创编了大量的选择题，总题量有 3000 多道。在平台设计与练习录入过程中，学生作为学习主体参与平台设计建议、测试体验反馈等环节，为有效推进后续的深度练习提供"用户评价"。

当平台设计相对完善、功能相对全面、数据相对丰富以后，便启动全年级选择题练习研究。学生可以利用课中模拟考试的间隙、课后的自由活动时间、课外的自主学习时间等，利用电脑、平板、手机等开展在线练习。

学生进入平台以后，通过选择"学校—年级—班级—姓名"即可进入练习界面。练习页面会根据考查的知识点，从题库里随机挑选与知识点相匹配的 12 道练习题，同时确保每个考查点都能匹配到相关练习，不重复不遗漏，考查全面，考点精准。

更重要的是，呈现给学生的选择题会从题库里随机挑选，展示的 4 个选项也会随机变换位置，即使是同一道题目，它的选项位置也不同，这就增加了练习的变化性、趣味性和新鲜感，学生也无法通过背题号和答案来蒙混过关。只有真正掌握所学知识，才能顺利进行答题。当学生选择答案以后，会同时呈现答题正误以及该题的简要解析，帮助学生及时获得反馈与评价，知其然更知其所以然。

如图 5-10-2 所示，每个练习都包含完整的题干、可以随机变换位置的选

项、即时评价与解析、完成进度与整体评价等。

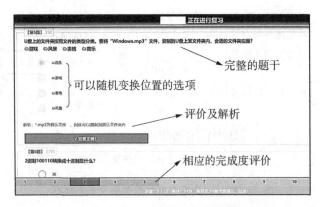

图 5-10-2　自动匹配考查点的随机练习页面效果

通过此种方法，学生可以马上知晓自己错在哪里，为什么错，正确解析是什么。教师可以发现学生错在哪里，哪些学生经常错，哪些题目经常错，对应的知识点是什么，是否需要给全班讲解，后续的教学改进策略有哪些，等等。

由此，学生可以实现"自主练习→即时评价→知识解析→刻意练习→突破瓶颈"的正向发展及学习闭环，教师可以实现"数据收集→精准分析→精准指导→专项辅导"的优化流程（如图 5-10-3 所示），从而全面提升练习效率和辅导质量。

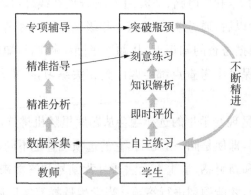

图 5-10-3　师生双向激励共同发展图示

为了让学生从"精准练习"走向"刻意练习"，教师还在平台里设计了"同类练习"功能，如图 5-10-4 所示。当学生点击"回答错误/回答正确"按钮时，在网页右侧就会展示与该考查点相关的同类选择题,快速实现"专项练习"功能,帮助学生精准练习、突破瓶颈。在整个过程中,教师需要根据学生的错误进行个性化评价与辅导,组织教学内容,进行全班讲解,合理精讲点拨,优化复习资料。此外,还需要不断改编和创编新的练习题,优化平台中的练习数量和练习质量,保证学生有更多新的资源和挑战,从而促进教师不断优化教学,自我提升。学生则可以在评价中反思,在反思中改进,在改进中成功,在成功中成长,通过练习与即时评价不断精进、自主发展,最终实现师生"螺旋式教学相长"。

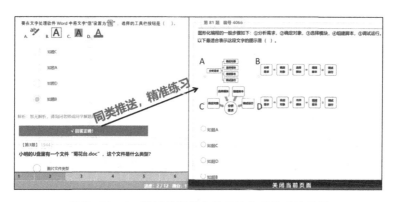

图 5-10-4 根据错题精准推送的专项练习效果图

通过"一平台、二层面、三环节"的精准练习与评价策略,师生的热情得到激发,教师有更充足的时间开展辅导与资源优化,学生也可以自主优化学习流程与练习项目。系统会记录每次学生练习的数据及分数,并在网页顶部不断更新展示,评价激励更多学生合理利用学习时间,提高练习与复习效率。

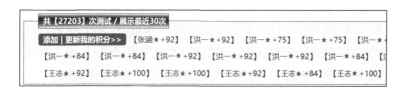

图 5-10-5 学生开展的练习评分效果图

在事物的发展方面,内因起关键作用,外因只起辅助作用。在评价方面,内在评价是关键,外在刺激只是辅助手段,目的是让学生在评价中得到教育、改进和提高,增强学习自信和成功感。与练习相匹配的还有我们设计的积分式评

价,该评价模式重在激发学生的兴趣,调动学生的内驱力。

平台会根据学生完成的练习总量、学习总分、平均分值等,给学生匹配相应的"星星—月亮—太阳"等级勋章(如图5-10-6所示),让优秀学生不断相互激励,薄弱学生不断自我要求,从外驱转向内驱,全体学生互竞互助、共同发展。

学生姓名	总分排行【829人】		
	当前星级		累计
点此提交我的最新积分			
【第1名】吴★★	😀😀😀😀😀😀🌙☆☆	⚫	54795
【第2名】刘★★	😀😀😀😀😀😀🌙☆☆	⚫	51971
【第3名】李★★	😀😀😀😀😀🌙🌙☆	⚫	43878
【第4名】康★	😀😀😀😀😀🌙☆☆	⚫	38497
【第5名】杨★★	😀😀😀🌙🌙☆☆	⚫	24643
【第6名】汤★★	😀😀😀😀🌙☆☆	⚫	23912
【第7名】王★	😀😀😀😀🌙🌙☆	⚫	23237

图5-10-6　班级学生在线练习情况统计与勋章评价效果图

通过此种方法,我们解决了利用"模拟学业考软件"带来的评价迟滞、诊断费时、软件切换、时空限制等问题,激发了学生的学习热情和练习热情,提高了课堂学习的效率。改进后的练习与评价方式,可以让学生随时随地开展练习,即时有效地获得评价,不受时间和地点的限制,实现精准学习、精准评价。

我们可以根据学生的水平和需求精准提供个性化的练习内容和评价反馈,帮助学生了解自己哪些方面掌握得好,哪些方面还需要加强;可以增加评价的趣味性,激发学生的学习兴趣,节省学生的时间和精力,让学习更为高效;也可以及时给予学生精准反馈和解析,帮助他们及时发现错误;从而不断精进;还可以加深学生对知识点的理解和记忆,从而增强综合分析应用能力。

例如,在复习阶段,教师时间、精力完全不够用,无法同时解答所有问题,有些学生碍于种种原因放弃提问,这无疑给师生之间竖起了一面"玻璃墙"。为了解决这个问题,教师将家庭作业设计好,再发布到学习平台里并匹配评价表,学生独立完成,即时反馈,自评自纠;教师可以碎片化指导,帮助学生解决问题。

教师通过多元化评价手段和技术赋能,利用多种激励机制,不断助推学生的学习动力和兴趣;通过在线课程的基础知识学习和标准练习评价、趣味游戏化学习和过程性评价,使得教学评价变得更加多元化。

我们后期进行了细致的资源整理和分类统整,从技术赋能、平台优化、工具改进、量表迭代、资源整理等方面,有效落实评价主体多元化、评价内容多元化、评价维度多元化、评价方式多元化、评价工具多元化、评价手段多元化。

显然,在教育数字化转型背景下,我们可以合理利用工具、技术、平台等来有效助推多元化评价的落实,并基于学生的需求差异、学情差异、目标差异等,精准把脉,精准辅导,精准反馈,精准提升。

在研究过程中,我们主要有以下五方面的成效总结:

(1)尊重学生差异,促进学生发展。传统教学评价强调甄别与选拔,只重成绩,忽视发展和个体差异。而技术赋能下的多元化评价给每个学生提供成功的机会,努力用良好的评价机制促进学生自我教育和自我成长。

(2)实施多元评价,促进差异教学。传统的评价重约束、轻发展,重结果、轻过程。多元化评价坚持多方关注、多重激励的观点,强化、激励、唤醒、鼓舞每一个学生,让孩子们重拾自信,善于反思,不断精进。

(3)基于多元评价,促进全面发展。多元化评价体系注重对学生情感、兴趣、意志、习惯等素质的评价,促使学生逐渐形成与学段相符合的综合素养,为学生搭建成长与展示的平台,助力他们赢在发展之路上。

(4)基于多元评价,促进教学相长。教师利用多元评价、二级反馈和正向评价、多主体参与的互动型评价、多量表介入的过程性评价、多技术支持的智慧型评价等,促进因材施教和差异化教学。

(5)基于多元评价,构建和谐课堂。改变以往"师评生受"的评价模式,促进评价的客观性、科学性、动态性、过程性、公正性等,构建良好的教学生态。

多元化评价还具有激发学生的学习兴趣、重视学生的评价主体地位、保持学习张力、促进团结协作、促进个体发展等功能,它可以发挥民主意识、发挥榜样力量、利用契机教育、给予及时总结、达到共同提升等效能。合理使用多元化评价,可以帮助师生更好地开展差异化教学,向着大规模因材施教前进。

同时我们还需注意,多元化评价需在适宜的时机,利用适宜的手段、技术、工具、平台开展,而不是简单地把各种看起来花哨的技术或评价杂糅在一起,那样只会让评价缺少目标、缺失标准、缺乏信度。如果在不适合开展评价的时段

开展评价,可能会给教学过程带来影响。多元化评价需要重视发展过程,通过更多的角度、维度、深度等激励学生自我认识与自我发展,激发学生内驱力与学习热情,树立正确的评价理念,始终坚持"以人为本"的原则。多元化评价的核心在于立德树人,因此带着爱与正能量的评价,是教师最重要的情感和精神因素,是有效落实立德树人的根本。

第六章

路漫漫其修远兮……

国势之强由于人,人材之成出于学。

"教育是国之大计、党之大计。"培养什么人,是教育的首要问题,只有坚持立德树人,不断培养德智体美劳全面发展的社会主义建设者和接班人,才能让党和国家事业兴旺发达、后继有人,才能推进伟大事业,实现伟大梦想。

教育事关国家发展和民族未来。今天,没有哪一项事业像教育这样影响着接班人的问题,影响着国家的长治久安,影响着民族的复兴和国家的崛起。

而作为教育的基石,义务教育阶段起着至关重要的作用。课堂教学只是学习的起点,而不是学习的终点。在课堂上,教师可以引导学生学习知识,但是真正的学习和理解需要由学生自己进行,学生需要通过自己的思考、实践与探索来加深对知识的理解。

因此,只有在课堂教学的基础上,学生才能进行自主学习和终身学习。他们应该读更多的书,做更多的操练,参与更多的讨论和交流,接触更多的实际问题和挑战,从而进一步积累知识、增强能力和拓宽视野。我们需要发挥课堂教学的作用,帮助学生在课堂上更深入地理解某些知识点或具体事物,通过有意义的教学活动更好地把握和理解知识。

学生的学习经历始于课堂。在课堂上,教师讲授知识,引导思考,解答疑惑,为学生搭建了学习和成长的台阶。然而,这只是学习之路的起点,课堂教学并不是终点。

在现代社会,知识日新月异,仅靠课堂教学无法满足学生的生活需求。现

在是一个信息爆炸的时代,学习渠道除了课堂还有其他的途径,课堂教学只是学习之路上其中一站,我们不能止步于此。

学习的终点是知识的掌握和运用,课堂教学虽然为学生提供了知识的基本框架,但学生并不能仅仅凭借坐在教室里听过的内容就能够掌握知识,更不能因为课堂学习形式而对知识的掌握方法进行限制。学生需要通过各种途径加强巩固知识,比如在家通过阅读、网上学习、与同学讨论等多种方式来扩大知识面。多关注新闻和其他资讯,了解最新的科技、时事和文化,能够帮助学生更好地应对未来的挑战。

此外,课堂教学过程中的交流互动是学习的重要手段,但并不局限于课堂内。社交网络和各种自媒体的出现,为学生提供了更广阔的交流场所。在社交网络和新兴媒体平台上,学生可以探讨问题、分享经验、交流想法,从而提高自己的综合素质,这也是学习路上的一种拓展方式。实践和应用也是补充课堂教学的重要方式,学生应该积极参与各类学习活动实践,包括实验、实训、调研、社会实践等。实践可以巩固学生在课堂上的学习成果,让学生通过实际操作感受到知识的价值与应用实效,既能够收获意义感、效能感、获得感和信任感,也能够增强学生的综合素养和实践经验。

路漫漫其修远兮,课堂教学虽然是学习之路的起点,但不是终点。同理,"乐和课堂"是我们教学改进的起点,但不是终点。我们要以终为始,踔厉奋发,踏实求真,专注教学,才能帮助学生不断成长和发展,不断追求更高的育人目标。

作为教育工作者的我们需要秉持"真善美"的心境方能立德树人。

稻盛和夫老先生提出"五层心灵结构"(如图 6-1 所示),他认为人的心灵呈现多重结构,由多个同心圆组成。从外层开始依次为:知性/理性、感性、本能、灵魂和真我。知性是后天掌握的知识、道理和逻辑;感性是主宰感官和感情等精神活动的心;本能是维持肉体所需要的欲望等;灵魂是裹在真我外层的现世的经验和业障;真我是位于心灵中的内核,充满真、善、美。

"乐和课堂"追求的是充满"乐业、和谐、求真、务实、平等、开放、活力、自然"气息的教学氛围,要培养"阳光、尚德、有梦想的乐和学子",要将乐观向上、积极进取的人生态度传递给更多的学生,这就要求教师能够拥有开放的心态、成长的思维、积极的作风、正直的品格、扎实的专业等。

如果教师都能够秉持"真、善、美"的心灵,在"乐和课堂"教学过程中,共同

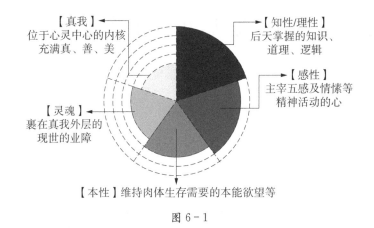

图 6-1

营造"乐教、乐研、乐学、乐思、乐问、乐享"的心态,指导学生敢于担当、勇于拼搏、善于发问、乐于展示、勤于思考的优秀品质,我们的"乐和"文化就会得到传承和发扬,就能将更多孩子培养为祖国的栋梁之材,就能为建设社会主义现代化强国添砖加瓦。

"黄金时间"重启大脑，生活工作更加"乐和"

在日常工作中，我们总是被各种不可预期的事务干扰，这让我们从早到晚觉得事情既多且烦、既忙且乱，不知不觉中容易产生"低效能"评价，从而导致我们身心压力大，处于亚健康状态，无法全身心投入教学，产生愤懑、埋怨、烦躁等各种情绪，进而影响我们的工作、生活、家庭、身体。

时间是世界上最公平的东西，一天有 24 个小时，每个人都是一样的，但是在现实生活中，人们在"使用时间的方法"上存在着差异，所以就出现了有些人每天加班到 12 点，几乎没有了自己的生活，想陪陪家人、放松一下自己都没有时间。在我们的"乐和课堂"教学改进过程中，我们更希望教师改进的不仅是教学的方法，更要注重合理高效地利用时间，善待每一天。只有高效热情、积极向上的教师，才能教育出不畏困难勇于挑战的学生。

我们把工作分为"专注性工作"和"非专注性工作"，"专注性工作"就是在大脑专注度高的时间段完成的事务，"非专注性工作"就是在大脑专注度较低的时间段完成的工作。我们在大脑的黄金时间做"专注性工作"，可以将工作效率提升为原来的两倍。通过合理规划时间与事务，我们可以将调整的时间应用到"自我投资"，选择能促进自我成长的"主动性娱乐"，比如读书、运动等，从而实现"自我成长的螺旋上升循环"。

日本神经科医生根据脑科学原理设计的最完美的一天（如图 6 - 1 - 1 所示），它为教师一天的时间规划提供了一些有益的参考。

早上 7 点至 9 点可以进行"自我投资"，比如专业研究、课程研究、教学思考、课题撰写等。9 点至 12 点间可以利用不同工作法提升自己的专注力，处理那些"重要且紧急"的事情，把核心事件在"专注时间"内高效解决。下午的非专注时间则可以用来设计作业、油印材料、约谈学生或家长等。下午 4 点以后，可以通过 40～80 分钟的有氧运动重启大脑，获得第二次"黄金时间"，用来进行新

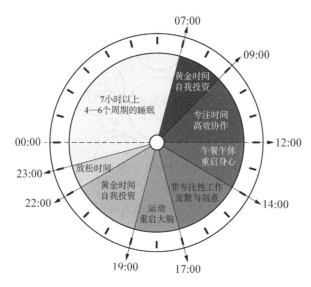

图 6-1-1　利用黄金时间重启大脑

的"自我投资",比如阅读书籍、撰写论文、学习特长、项目研究等。晚上 9 点后可以进行亲子教育、家人谈心、兴趣拓展等。

不难看出,合理规划各类时间和事件,可以使自己每一天过得充实、高效、幸福,并且不会使自己偏离家庭的轨道,也不会降低幸福的转换力。

在此要特别强调的一点是,能够在上午"黄金时间"完成的核心事件,不要拖延到晚上,因为这意味着你将花费上午更多的时间才能完成这些工作,而且它会占用我们一天的工作记忆,影响大脑规划从而感到烦躁。

中午 30 分钟左右的适度午睡(或者冥想)有助于重启大脑活力,但不要休息过久,达到 1 小时以上就容易进入 NREM(非快速眼动)睡眠,再次醒来会头脑昏沉,而且会严重影响晚上的睡眠质量,从而影响第二天的"黄金时间"效能。

有氧运动会重启大脑,再次创造新的"黄金时间"。千万不要小看它,如果下午 4 点至 6 点在校园里慢跑或者快走 40 分钟以上,便会觉得晚上 8 点以前大脑依然充满活力,而且也很容易进行专注思考。

通过有效管理时间、规划工作,我们可以创造出更多的自由时间,把这些时间用来进行"自我投资"。这实在是一件"有意义有价值"的事(如图 6-1-2 所示)。通过自我投资可以强化专业素养,提高业务能力,促进人际关系,增强健康肌体,提升幸福指数。高效能的方法和更加优秀的专业能力可以使工作更加

第六章

路漫漫其修远兮……

图 6-1-2 专业发展与自我成长

高效,优化出更多的自由时间。如此循环往复,我们的大脑将不断获得"黄金时间",不断重启与升级大脑和思维意识,最终助推自我成长。

学而时习之，不亦说乎

子曰："学而时习之，不亦说乎？"

子曰："温故而知新，可以为师矣。"

既学而时习之，则所学者熟，而心中喜悦，其进自不能已矣。这是我们持续的追求和目标，也是作为教育工作者的重要使命。回应开篇"为什么要持续推进乐和课堂"，其实在教与学的过程中，成长的不只是学生，更是我们的教师，是学生助推了教师的发展与进步，同时也是教师引导着学生"自立与成长"。

无论是先贤智慧还是近代科学，都离不开人的自我探索与发展变化。本书所分享的不仅仅只是一些教学原则、教学模式、教学方法、管理制度和方案，更多的是想借此传递一些不同的情感、思维。希望本书能激起我们更多的共鸣，能助我们在某些时刻产生新的思考，这便是我们最朴实的追求。

当然，任何知识不仅重在"学"，更重在"习"。同样，我们分享的内容是散点式的，这就需要我们将这些观点与自己的工作、生活关联起来，才能建立起属于我们自己的心理表征，形成符合自我习惯的认知体系，融入我们的生活与工作（如图 6-2-1 所示）。

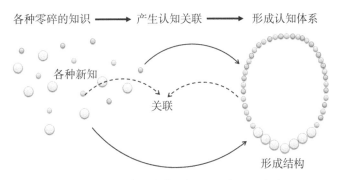

图 6-2-1　关联碎片化新知，形成认知体系

周岭在《认知觉醒》一书中提到"改变量＞行动量＞思考量＞学习量"的成长权重对比关系，说明促进人的自身发展与成长的根本在于"改变"。但是，我们往往有大量的学习量，却只有少量的思考量，甚至更少的行动量，最终才有极少的改变量。

很多人沉醉于自我的学习量中，认为已经学得盆满钵满了，于是容易故步自封、自鸣得意，不愿意敞开自己的心扉，不愿意走进别人的课堂，也容易带着批判的眼光看待他人的创新。正因为停留在表层学习中，没有达到"用即是学、教即是学"的状态，所以始终没有产生明显的思考量和行动量，就更谈不上真正意义上的改变。

"学习→思考→行动→改变"（如图6-2-2所示），都源于我们的内心，源于我们对生活的热情、对工作的热爱、对自我的认可、对他人的关爱、对事业的热忱等。如果我们能加深对课堂教学改进研究及专业能力的学习，加强对时间管理与工作规划的能力，加深对师生关系与家校关系的营造，就不再需要被动应付教学，而是可以积极表现、不断创新、师生共建、教学相长。

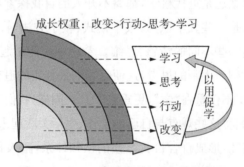

图6-2-2　从学习到改变的成长权重图

做一个健康、幸福的"乐和教师"

这是本书的最后一篇,因为我们认为,任何从事教育事业的个体,都需要先拥有健康的体魄、幸福的生活,经营良好工作关系、亲子关系、爱情关系、朋友关系等,这是健康而幸福的!

我们希望教师都能够拥有对生活的钝感力、对幸福的转换力、对快乐的感受力,只有身心健康、积极热情、爱人利他、充满幸福的教师,才能让教育之花在心里绽放,学校的"乐和"文化才会深入内心,而不是流于表面,才能培养终身运动者、责任担当者、问题解决者和优雅生活者。

史蒂芬·柯维在《高效能人士的七个习惯》里提出了一个基础模型(如图6-3-1所示)。

从"依赖期→独立期→互赖期"实现从"个人→集体"的发展与成功体验。

习惯一:积极主动(拒绝被动)

习惯二:以终为始(目标导向)

习惯三:要事第一(忙而不乱)

习惯四:双赢思维(利人利己)

习惯五:知彼解己(互助协作)

习惯六:统合综效(大局思维)

习惯七:不断更新(自我投资)

积极主动:即采取主动,为自己过去、现在及未来的行为负责,并依据原则及价值观,而非依赖情绪或外在环境来下决定。积极主动的人是

图6-3-1 高效能人士的七个习惯

177

改变的催生者,他们扬弃被动的受害者角色,不怨怼别人,发挥了人类四项独特的禀赋——自觉、良知、想象力和自主意志,同时以由内而外的方式来创造改变,积极面对一切。

以终为始:这一思维模式最早出自《黄帝内经》,先人告诫后人要在人生的春天就认真思考人生终点的意义和价值。其引申义有三:一是凡事要有目标,二是凡事要有计划,三是凡事要有原则。正所谓"凡事预则立,不预则废"。

要事第一:我们可以参考图6-3-2,将自己近阶段的工作进行规划,按照重要性、紧急性进行区分,从而明确自己应该先做什么,后做什么,哪些必须做,哪些可以选择做等。

这里要强调的一点是:我们应主动"投资自己",有规划地付出时间做"重要但不紧急"的事,比如健康、运动、阅读、教育、学习、家庭、艺术、兴趣等,这和上一节所述的"利用黄金时间重启大脑进行自我投资"是相似的。

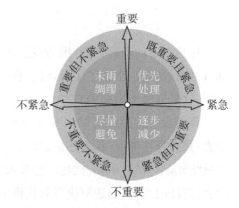

图6-3-2 日常事务的四象限规划图

双赢思维:双赢不是技巧,而是一种思维。生活与工作中无非有以下几种模式:好聚好散(各不相干)、独善其身(我不参与)、损人利己(我赢他输)、舍己为人(我输他赢)、两败俱伤(我输他输)、利人利己(我赢他赢)。这几种模式会促使人们不断地在所有的人际交往中寻求双边利益。

双赢是要达到互利的境界,输赢正是修养的不断培养(如图6-3-3所示)。要达到互利的境界必须具备足够的勇气和与人为善的胸襟。正如古代先贤所谓的君子之道:"君子有容人之量,小人存嫉妒之心。"双赢要追求"诚信、成熟、知足、互助、协作"等基本原则,这正是我们推进"共生备课、共生微课、共生课题"等策略的目的,也是我们强调的"教研共同体"意识,在"协作区"进行研究和共事,将使我们共享共赢不断发展。这是我们在推进"乐和课堂"教学改进研究以及今后众多事务时的主要原则。

知彼解己:就是要充分了解对方,而充分了解对方的方法就是倾听和共情。有个故事说某人眼睛看不清楚跑去看病,见到医生后,医生就问他怎么了,他说:"我眼睛看不清楚。"医生很慷慨地摘下自己的眼镜送给他。这人戴上眼镜

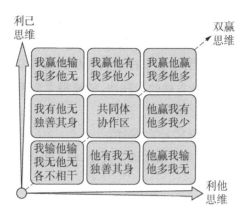

图 6-3-3　双赢思维与共同体协作区

后发现还是看不清,就跟医生说:"我还是看不清楚。"但是医生却说:"那不可能,这副眼镜我都戴了 10 年了,看得很清楚,你再试试?"病人再次戴上眼镜后发现还是看不清楚,所以又跟医生说:"我还是看不清楚。"此时医生已经有点生气了,大声说:"你看你这个人,我好心送你眼镜,你却总说看不清楚,可是我戴着的时候明明看得很清楚呀。"相信这个故事的道理不言而喻,适合自己的不一定适合别人,教师认为适合的不一定就真的符合学生的需求,只有站在对方的角度看待问题,才能真正帮助对方解决问题。

统合综效:就是统合各个小的部分,最终达到超越各个部分之和的一种习惯,也就是要做到"1+1>2"的习惯。换句话说就是,要想做到统合综效,就必须尊重部分之间的差异,求同存异,和而不同,各美其美,美美与共。统合综效要求我们保持开放心态,尊重差异,鼓励参与,保持耐心,通过不断地创造活动产生超越部分的结果,在共性中寻求个性,这也正是我们追求的目标。正如在日常教学活动中,教师可以是站着的学生,学生也可以是坐着的教师,参与其中的都是学习者,学生偏重消化知识的理论学习,教师则偏重运用知识的实践研究,师生同处在社会化学习之中,只不过学习的方式略有不同而已。

不断更新:这是我们想表达的最后一个层面,教师要始终坚持"不断更新",在身体、精神、专业、情感、家庭、兴趣等方面不断投入新的能量,促进自己身体更加健康,精神更加饱满,专业更加卓越,情感更加丰富,家庭更加幸福,兴趣更加广泛。只有这样不断精进和自我更新的好教师,才能带领更多孩子走向光辉的未来,才能真正用正能量去影响更多家庭,才能成为家长和学生心目中有理想信念、有道德情操、有扎实学识、有仁爱之心的好教师。

　　李希贵校长在《学生第二》中提及：教育只能用情感来塑造情感，用态度影响态度，没有教师的幸福感，又哪来学生的幸福感？怎么使教师在校园里有幸福感？谁给教师幸福感？因此，让学校成为教师的精神家园，就变得现实而又迫切。让课堂成为教师专业发展的主阵地，就显得尤为重要，"乐和课堂"教学改进的价值和意义就显得愈加深远。

　　写在结尾，《论语》《中庸》《大学》等述：

　　不愤不启，不悱不发。举一隅不以三隅反，则不复也。

　　学而时习之，不亦说乎？

　　温故而知新，可以为师矣。

　　三人行，必有我师焉。择其善者而从之，其不善者而改之。

　　（君子）视思明，听思聪，色思温，貌思恭，言思忠，事思敬，疑思问，忿思难，见得思义。

　　（君子）其行己也恭，其事上也敬，其养民也惠，其使民也义。

　　君子终日乾乾，夕惕若厉，无咎。

　　君子不恶人，亦不恶于人。

　　君子不以言举人，不以人废言。

　　天行健，君子以自强不息；地势坤，君子以厚德载物。

　　……

　　"乐和课堂"是吴泾中学传承中华文化、培育乐和少年的沃土，是吴泾中学教师承载教育理想与人生信念的主要阵地，让我们在"百年树人"的漫漫路途中携手前行，共建共生，共享共赢，共奏教育强音，共绘教育蓝图，共谱时代华章！

　　路漫漫其修远兮，吾将上下而求索！

参考文献

［1］史蒂芬·柯维.高效能人士的七个习惯(25周年纪念版)[M].高新勇,王亦兵,葛雪蕾,译.北京:中国青年出版社,2014.

［2］田俊国.让学习真正在课堂上发生:基于学习状态、高度参与、课堂生态的深度教学[M].北京:中国青年出版社,2022.

［3］刘儒德.教育中的心理效应[M].上海:华东师范大学出版社,2012.

［4］菊池洋匡,秦一生.原来孩子这样学习会上瘾[M].郭勇,译.长沙:湖南文艺出版社,2021.

［5］卡罗尔·德韦克.终身成长[M].楚祎楠,译.南昌:江西人民出版社,2017.

［6］周岭.认知觉醒[M].北京:人民邮电出版社,2020.

［7］安德斯·艾利克森,罗伯特·普尔.刻意练习:如何从新手到大师[M].王正林,译.北京:机械工业出版社,2016.

［8］芭芭拉·奥克利.学习之道[M].教育无边界字幕组,译.北京:机械工业出版社,2016.

［9］安奈特·布鲁肖,托德·威特克尔.从优秀教师到卓越教师:极具影响力的日常教学策略[M].范杰,译.北京:中国青年出版社,2013.

［10］岸健一郎,古贺史健.幸福的勇气:"自我启发之父"阿德勒的哲学课2[M].渠海霞,译.北京:机械工业出版社,2017.

［11］岸健一郎,古贺史健.被讨厌的勇气:"自我启发之父"阿德勒的哲学课[M].渠海霞,译.北京:机械工业出版社,2015.

［12］玛丽·凯·里琪.可见的学习与思维教学:让教学对学生可见[M].林文静,译.北京:中国青年出版社,2017.

［13］稻盛和夫.干法[M].曹岫云,译.北京:机械工业出版社,2019.

［14］稻盛和夫.心法[M].曹寓刚,曹岫云,译.北京:人民邮电出版社,2020.

［15］克里斯·比弗尔.全脑教学:影响全球 300 万教师的教学指导书［M］.程茗荟,译.北京:中国青年出版社,2014.

［16］周成平.外国优秀教师的教育特色［M］.南京:南京大学出版社,2009.

［17］周成平.外国优秀教师是如何教学的［M］.南京:南京大学出版社,2009.

［18］胡庆芳,等.有效课堂提问的 22 条策略［M］.上海:华东师范大学出版社,2015.

［19］胡庆芳,等.有效情境创设的 40 项设计［M］.上海:华东师范大学出版社,2017.

［20］王专.揭秘学习高手:如何让孩子爱学习会学习［M］.杭州:浙江教育出版社,2023.

［21］尹红心,李伟.费曼学习法［M］.南京:江苏凤凰文艺出版社,2021.

［22］友荣方略.西蒙学习法:如何在短时间内快速学会新知识［M］.北京:人民邮电出版社,2022.